Tarot – Quelle der Weisheit

Das Buch

Das Tarot in seiner unvergleichlichen Mischung aus Spiel und Ernst, Unterhaltung und Selbsterfahrung zieht immer mehr Menschen in seinen Bann. Die Deutung der Karten liegt stets zwischen individueller Einschätzung und allgemeingültigem Symbolgehalt – sie ist damit spannend, wenngleich auch nicht immer so leicht.
Johannes Fiebig gibt in diesem Buch kurz und präzise Deutungsmöglichkeiten zu jeder Karte an. Ausgewählt wurden die bekanntesten Decks von Waite und Crowley und eine sehr interessante jüngere Schöpfung: das Voyager-Tarot.

Der Autor

Johannes Fiebig ist einer der bekanntesten Tarot-Experten im deutschsprachigen Raum. Bereits seit Anfang der 80er Jahre gibt er auch Kurse zu Themen rund um das Tarot.

Johannes Fiebig

Tarot

Quelle der Weisheit

Econ Taschenbuch

Econ Taschenbücher erscheinen im Ullstein Taschenbuchverlag, einem Unternehmen der
Econ Ullstein List Verlag GmbH & Co. KG, München

1. Auflage 2002

Umschlagkonzept: HildenDesign, München – Stefan Hilden
Umschlaggestaltung: HildenDesign, München – Tracey Bushman
Titelabbildung und Abbildungen im Innenteil: Tarot von A. E. Waite

Satz: KompetenzCenter, Düsseldorf
Druck und Bindearbeiten: Ebner Ulm
Printed in Germany
ISBN 3-548-74046-4

Inhalt

Die einzelnen Karten im Überblick

Große Arkana/Trumpfkarten

Stäbe

Vorwort

Das VOYAGER-Tarot entstand Anfang der 80er Jahre, als auch Evelin Bürger und ich unsere ersten Tarot-Kurse gaben. Veröffentlicht wurden die VOYAGER-Karten 1985, nur wenig später als unser erstes Buch *Tarot – Spiegel Deiner Möglichkeiten*. Jim Wanless arbeitete und publizierte in Kalifornien, wir wirkten in Deutschland. Und wenn wir uns bis heute auch nicht persönlich begegnet sind, so kennen wir unsere beiderseitigen Werke seit langem.

In Kalifornien wurden viele Jahre lang die *Tarot Network News* herausgegeben, die die aktuellen Neuheiten aus den USA und aus Europa vorstellten. Und da ist Julie King, die bezaubernde Partnerin von Jim Wanless, mit der wir seit vielen Frankfurter Buchmessen den *Zauber der Symbole* mit Begeisterung erörtern.

Das VOYAGER-Tarot ist eines der großen Tarot-Spiele der Welt. Sein Stil ist unvergleichlich. «Feuerwerk fürs Auge» haben Evelin Bürger und ich dieses Tarot genannt. Wie ein farbenprächtiges Kaleidoskop vermitteln diese Karten sinnliche Sensationen und eine besondere, bemerkenswerte Beruhigung und Befriedigung.

Manche fühlen sich an die Pracht und die optische Sättigung der ersten farbigen Hitchcock-Filme erinnert. Andere vergleichen diese Karten mit psychedelischen Trips und Filmen der Hippie-Zeit. Doch in diesem Tarot steckt noch mehr.

«Wir setzen unsere Brillen auf/die Welt ist gut/die Welt ist schlecht/ich seh' mehr, als ich begreifen kann/gottseidank, die Welt ist extrabreit», textete zur Musik der Neuen

Deutschen Welle die Gruppe Extrabreit in den frühen 80er Jahren, zur gleichen Zeit, als sich das VOYAGER-Tarot in der Entstehung befand und in Deutschland und einigen anderen Ländern die beispiellose Tarot-Begeisterung begann, die bis heute ungebrochen anhält.

Was sich in diesen Worten ausdrückt, ist ein Lebensgefühl, das spürt und ahnt, daß wir etwas Neues entdeckt und *gesehen* haben. Es geht nicht um Postmoderne. Auch wenn ebenfalls im Jahr 1985, als das VOYAGER-Tarot veröffentlicht wurde, in Deutschland von Jürgen Habermas das Buch mit dem schönen Titel *Die Neue Unübersichtlichkeit* erschien, das als Zeitzeichen der Postmoderne gilt. Nein, Postmoderne ist nur ein Wort und benennt nicht, was da mit den Augen, den Bildern und den Visionen geschieht.

Neue Augen ist ein Schlüsselbegriff für die kulturellen Veränderungen im 20. Jahrhundert, dem Zeitalter der Extreme. *Neue Augen* sind das wiederkehrende Sinnbild des Surrealismus und anderer Pioniertaten am Anfang des 20. Jahrhunderts. In seinem berühmten Film von 1928, «Ein andalusischer Hund», der zum Wegbereiter künstlerischer Neuerungen wurde, zeigte zum Beispiel Luis Buñuel, wie ein Auge zerteilt wird. Die Doppeldeutigkeit, die Verletzlichkeit und die Brechungen von Wahrnehmung und Weltsicht sollten gezeigt und gesehen werden.

Nach dem Zweiten Weltkrieg tritt stärker als je der verstörte und haltlose Blick in Erscheinung.

Andere Augen, so lautete zum Beispiel der erste Gedichtband von Ernst Jandl, der 1956 in Wien erschien – *andere Augen* wurde zu einem Topos der Nachkriegszeit.

Gesellschaftliche Veränderungen und Erschütterungen machen neue Perspektiven unumgänglich. Manchmal *beginnt* auch eine Umwälzung mit neuen Sichtweisen. Zum Beispiel trugen Änderungen in der optischen Wahrnehmung zur Ablösung des Mittelalters durch Renaissance und Neuzeit bei.

In der Malerei des Mittelalters standen für den Betrachter alle Bildfiguren gleichsam nebeneinander; es gab keine Fluchtlinien, keinen Vordergrund und keinen Hintergrund. Die Einführung einer Zentralperspektive war absolut neu und rückte alle Bildfiguren in ein bestimmtes Verhältnis, Betrachter oder Betrachterin nahmen das Bild nun räumlich wahr, es gab Perspektiven in der Betrachtung.

Scheinbar eine Kleinigkeit, aber tatsächlich eine Revolution. Es gab auf einmal eine *Perspektive*, eine persönliche Sicht der Welt. Erst wenn die Menschen sich auch als Individuum und als Subjekt begreifen, wird es möglich zu verstehen, daß unterschiedliche Betrachtungsweisen und Blickwinkel überhaupt *existieren*. Ohne Individuum keine Perspektive.

In dieser Hinsicht ist die Betonung des Sehens sehr *modern*.

Ohne Auge aber auch keine Intuition, keine ganzheitliche Wahrnehmung, keine Einheit von Sehen und Handeln. Unter diesem Aspekt betrachtet, ist die Betonung des Sehens sehr *antik*. Die alten Griechen zum Beispiel kannten noch kein Individuum, aber sie waren *Eidetiker*, Augenmenschen. Sie lebten durch das und für das, was sie sahen.

So ist denn der Begriff «neue Augen» in Wahrheit viel älter. Seit antiken Zeiten drücken sich Gottes- und Liebeserfahrungen in diesen Worten aus. Da wird der Saulus zum Paulus. Nada. Man sieht die Welt wie neu. Jakob Böhme, Johannes Tauler und andere Mystiker des Mittelalters berichten in dieser Weise regelmäßig von ihren mystischen Gottesbegegnungen.

«Das visuelle Denken nähert sich dem unbewußten Vorgang mehr als das verbale Denken, es ist älter als jenes», kommentierte Sigmund Freud.

Dieses und manches mehr wurde akut, es war an der Zeit und lag in der Luft, als die zuvor ungekannte Tarot-Begeisterung in den 1970/80er Jahren ihren Anfang nahm. Seitdem wird Tarot auf vielfältigste Weise genutzt. Immer ging und geht es dabei auch um die *Bilder*, um Deutungen und Wahrnehmungen.

Welches andere Medium würde sich so sehr zur Beschäftigung mit Sichtweisen und Sehgewohnheiten, mit Intuitionen und Visionen eignen wie die Tarot-Karten?

Das Wort *Augenblick* besitzt einen doppelten Sinn. Es beinhaltet das Spiel der Augen (den Blick) und die Qualität der Zeit (den Moment). *Beide* Komponenten spielen die entscheidende Rolle beim Tarot-Kartenlegen. Denn von Bedeutung ist ja, welche Karte im jetzigen Moment gezogen wird, was der Augenblick bringt. Und wir versuchen herauszufinden, wie diese Karte zu betrachten ist, wie der Augenblick zu deuten ist. *Nur* im Tarot-Kartenlegen erfahren wir diese beiden Seiten des Augenblicks zugleich!

Diese Themen sind überaus aktuell. Der *Zauber des Augenblicks* ist bis heute eines der wesentlichen Motive geblieben, sich die Tarot-Karten zu legen. Die Zahl der Tarot-Begeisterten zeigt, wie groß der Bedarf ist. Viele andere Faktoren belegen das Interesse. Etwa der *Kult* um das «Magische Auge», jene 3D-Bilder, die unerwartete Wahrnehmungen und Schau-Lust bieten. Manchmal führt eine andere Art zu sehen zu neuen Erkenntnissen.

Es ist sicherlich kein Zufall, daß die Tarot-Begeisterung in einer Zeit geboren wurde, in der die Brillen, die Unübersichtlichkeit und die Uferlosigkeit des Sehens allenthalben diskutiert wurden. Jim Wanless hat seinerseits aus diesen Schwierigkeiten eine Tugend gemacht und Bilder montiert, die eine opulente *Fülle des Schauens* zu Kunst und Genuß erheben.

Das VOYAGER-Tarot macht in seiner Konzentration auf die visuellen Elemente eine typische Eigenart des heutigen Tarot-Kartenlegens besonders deutlich: Es geht um den Augen-Blick!

Als der Verlag mich um einige kurze Texte zum VOYAGER-Tarot – kombiniert mit dem WAITE- und dem CROWLEY-Tarot – bat, bin ich daher der Bitte *gern* nachgekommen. Ich bin davon überzeugt, daß Sie diese Tarot-Karten mit Gewinn befragen und betrachten werden.

Viel Freude mit Tarot!
Johannes Fiebig

Der Mensch spielt nur,
wo er in voller Bedeutung des Wortes
Mensch ist,
und er ist nur da ganz Mensch,
wo er spielt.
Friedrich Schiller

Einführung

Die Weisheit des Spiels

Tarot bietet eine unvergleichliche Mischung aus Ernst und Spiel, aus Unterhaltung und Selbsterfahrung, aus Kreativität, Wissen und manchem mehr. Die Verbindung von rationaler Beobachtung, emotionaler Betroffenheit und direkter persönlicher Beteiligung verleiht dem Tarot-Kartenlegen etwas Besonderes.

Die Karten selber sind alt. *Neu* ist heute, daß Tarot von vielen und nicht nur von wenigen Eingeweihten gedeutet wird.

Eine der wichtigsten Veränderungen, die das Tarot-Kartenlegen in den letzten Jahren erfahren hat, besteht darin, daß wir die Karten als *Bilder* betrachten. Ein Bild läßt sich nicht durch Definitionen ausschöpfen. Die Begegnung mit einem Bild ist eine jeweils persönliche und situationsbezogene Angelegenheit! Damit dies ohne allzu willkürliche und im negativen Sinne beliebige Deutungen funktioniert, müssen die Bilder für persönliche Deutungen offen sein, zugleich jedoch einen Symbolgehalt anbieten, der so typisch, so dicht und allgemeingültig ist, daß viele Menschen sich darin wiederfinden können. Das bieten nicht sehr viele Tarot-Arten!

Für dieses Buch wurden die beiden prominentesten Klassiker des Tarot zusammen mit einer der schönsten Neuschöpfungen aus den letzten Jahren ausgewählt: WAITE-, CROWLEY- und VOYAGER-Tarot.

Das WAITE-Tarot

Weltweit existieren heute rund 400 gängige Arten von Tarot-Spielen. Zählt man alle historischen und Sammler-Tarot-Spiele hinzu, so erreicht man leicht eine Zahl von über 1000 verschiedenen Typen. Unter all diesen ist mit großem Abstand das am weitesten verbreitete das WAITE-Tarot, auch als Rider-Tarot oder Rider-WAITE-Tarot bekannt.

Es wurde von Arthur E. Waite und Pamela Colman Smith 1909 veröffentlicht und erschien im Londoner Verlag *Rider*. Dieses Deck, wie man einen Satz Karten auch nennt, ist für viele Menschen leicht zugänglich, obwohl – und weil – es eine enorme Dichte und innere Konsequenz bei der Komposition der Symbole und Motive besitzt.

Diese Karten von Waite und Colman Smith sind so populär, daß für viele Menschen «Tarot» heute gleichbedeutend ist mit diesen Karten.

Das heutige Tarot-Kartenlegen jedenfalls wäre ohne das WAITE-Tarot kaum vorstellbar. Auch aus dem Grund, weil es das erste Tarot-Spiel war, das durchgängig auf allen 78 Karten *Bilder* präsentierte.

In vieler Hinsicht stellt das Tarot von Arthur E. Waite und Pamela Colman Smith die Grundlage der heute bekannten Tarot-Welt dar.

Empfehlenswert ist, mit dem WAITE-Tarot zu starten. Oder suchen Sie sich ein anderes Spiel aus, das Ihrem persönlichen Geschmack entspricht, und legen Sie sich zusätzlich zum Vergleich und als Hintergrund das WAITE-Tarot zu.

Eine Besonderheit der WAITE-Karten ist die Umstellung der Großen Karten mit den Nummern 8 und 11. Traditionell hatte die Karte «Gerechtigkeit» die Nummer VIII, und die Karte «Kraft» trug die Nummer XI. Während im CROWLEY-Tarot und im VOYAGER-Tarot diese traditionelle Numerierung erhalten geblieben ist, hat Arthur E. Waite diese beiden Karten ausgetauscht. So trägt im WAITE-Tarot die «Kraft» jetzt die Nummer VIII und die «Gerechtigkeit» die Ziffer XI.

Da nun das WAITE-Tarot mit großem Abstand das populärste Tarot-Spiel ist, existieren heute weltweit viele weitere Tarot-Arten, die vom WAITE-Tarot die Umstellung der Nummern 8 und 11 übernommen haben.

Das CROWLEY-Tarot

Das CROWLEY-Tarot folgt, mit einigem Abstand, in der Beliebtheitsskala auf das WAITE-Tarot. Aleister Crowley und Lady Frieda Harris gaben es 1943, ebenfalls in London, heraus. Erst später, in den Hippie-Zeiten (1969), wurde es auf Karten gedruckt.

Das CROWLEY-Tarot zeichnet sich durch seine klare und prägnante Darstellung aus. Auch «abstrakte» und psychologische Themen erscheinen in einer einleuchtenden Symbolsprache. Diese Karten sind eine zuverlässige Quelle für Meditation und Interpretation. Neben dem Tarot von A.E. Waite und P. Colman Smith sind sie das beste Scharnier, die effektivste Verbindung von überlieferter Tradition und heutigen Anforderungen an das Tarot-Kartenlegen.

Aleister Crowley war und verstand sich selbst als «Schwarzmagier». Das bringt verschiedentlich Berührungsängste gegenüber den CROWLEY-Karten mit sich. Als Mensch ist Crowley nicht unbedingt zur Nachahmung zu empfehlen.

Doch nicht nur bei ihm, auch bei vielen bekannten Künstlern, gibt es einen Unterschied zwischen Leben und Werk! Jedenfalls existiert kein zwingender Grund, von den CROWLEY-Karten Abstand zu nehmen. Sie stellen, im Gegenteil, eine bedeutende und vielsagende Bereicherung des Tarot dar.

Eine Besonderheit dieser Karten sind nun die aufgedruckten Untertitel. Hier finden wir nicht nur die Standardtitel wie «Der Magier», «Der Eremit» oder «Der Narr» auf den Karten wieder. Zusätzlich tragen diese Karten oft auch bestimmte Interpretationen als Untertitel, wie z. B. «Erfolg», «Reichtum» oder «Enttäuschung». *Diese aufgedruckten Interpretationen sind als alleinige Beschreibung der betreffenden Tarot-Karten völlig unzureichend.*

Diese speziellen Interpretationen greifen jeweils nur einen winzigen Ausschnitt aus dem Bedeutungsspektrum der betreffenden Karte heraus. Außerdem sind die deutschen Untertitel häufig schlechte oder sogar falsche Übersetzungen der englischen Originaltitel. Die Gefahr, durch diese Untertitel in eine völlig einseitige oder oft sogar in eine unzutreffende Richtung gelenkt zu werden, ist groß, besonders für Anfänger/innen.

Für die ersten Jahre der Tarot-Praxis empfiehlt es sich daher, diese speziellen Untertitel im CROWLEY-Tarot entweder zu entfernen oder durch Korrekturband oder ähnliches zu überkleben, damit der Blick der Betrachterin oder des Betrachters beim Aufdecken der Karten tatsächlich auf den Inhalt des Bildes und nicht auf die Unterzeile fällt.

Das CROWLEY-Tarot wird auch in einer Ausgabe auf dem Markt angeboten, die *drei* Karten «Der Magier» enthält. Nur *einer* dieser drei ist der «Magier», den Crowley zur Veröffentlichung vorgesehen hat (siehe Abb. S. 46). Die beiden anderen stellen Entwürfe dar. Sie sollten vor dem Kartenlegen aus dem Satz Karten herausgenommen werden.

Das VOYAGER-Tarot

Das VOYAGER-Tarot wurde 1985 in Carmel, Kalifornien/USA, veröffentlicht. Die Idee und das Konzept stammen von James (Jim) Wanless, die Umsetzung und künstlerische Ausführung der Bild- und Fotomontagen von Ken Knutson. Innerhalb der kalifornischen Tarot-Szene wurde es schnell zu einem Kult-Objekt.

Voyager bedeutet soviel wie «Reisende» oder «Reisender» und ist gleichfalls der Name eines US-Raumfahrtprogramms. Zu den besonderen Qualitäten dieser Tarot-Karten finden Sie ausführliche Hinweise im Vorwort dieses Buches.

Zu den Besonderheiten des VOYAGER-Tarot gehören seine Bildüberschriften. Dafür gelten die gleichen Bemerkungen und Vorschläge wie für die Untertitel im CROWLEY-Tarot.

Eine weitere Spezialität stellen einige Umbenennungen dar, die in folgender Übersicht zusammengefaßt sind:

Die vier Farbreihen

WAITE-Tarot	CROWLEY-Tarot	VOYAGER-Tarot
Stäbe	Stäbe	Stäbe
Kelche	Kelche	Kelche
Schwerter	Schwerter	Kristalle
Münzen	Scheiben	Welten

Ein schwieriges Kapitel ist die Zuordnung der Hofkarten, die in diesen Spielen nicht nur verschieden benannt sind, sondern teilweise auch unterschiedliche Eigenschaften besitzen.

Die Gleichsetzung von Ungleichen kann nicht widerspruchsfrei sein. Daher kann *jede* Zuordnung in dieser Frage nur ein *Vorschlag* sein:

Die Hofkarten

WAITE-Tarot	CROWLEY-Tarot	VOYAGER-Tarot
Königin	Königin	Frau
König	Prinz	Mann
Ritter	Ritter	Weiser
Bube/Page	Prinzessin	Kind

Spielvorschläge

Zum Tarot-Kartenlegen gehört die Symboldeutung, aber auch der Mut, den Gefühlen und den manchmal unbekannten Wirklichkeiten der eigenen Person ins Auge zu schauen.

Man beginnt am besten mit der «Tageskarte». Morgens oder abends wird täglich oder doch einigermaßen häufig eine Karte gezogen – als Symbol, als Motivation oder als besinnlicher Reflex des persönlichen Tagesgeschehens.

Die Bedeutungen der Tageskarte sollten zunächst individuell und intuitiv erfaßt werden. Später können zusätzliche Interpretationen aus der Tarot-Literatur zu Rate gezogen werden. Zwei (der zahlreichen) Muster für das weitere Tarot-Kartenlegen:

1 – Aktuelle Situation
2 – Vergangenheit oder das, was schon da ist
3 – Zukunft oder das, was neu zu beachten ist

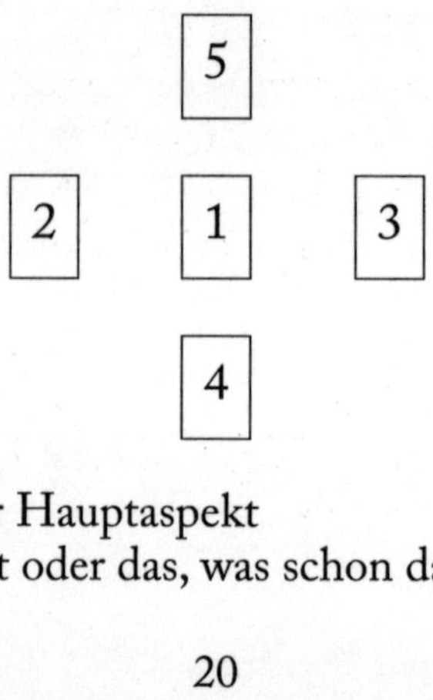

1 – Schlüssel oder Hauptaspekt
2 – Vergangenheit oder das, was schon da ist

3 – Zukunft oder das, was neu zu beachten ist
4 – Wurzel oder Basis
5 – Krone oder Chancen

Zum praktischen Vorgehen

- Benutzen Sie alle 78 Karten eines Tarot-Spiels. Die Methode, nur 22 Karten zu verwenden, stammt aus der Zeit von vor 1910, als für nur 22 Karten (die Großen Arkana) Bilder existierten. Heute ist die generelle Beschränkung nicht mehr sinnvoll.

- Überlegen Sie sich Ihre Frage, die Sie nun an die Tarot-Karten richten möchten. Für die Art der Frage gibt es keine zwingenden Ge- und Verbote.

- Wichtig ist zu wissen: Die Karten wirken wie ein Spiegel. Sie können Fragen über zweite und dritte Personen stellen. Die Antwort der Karten schließt dabei stets Ihr Verständnis dieser Personen und Ihr Verhältnis zu ihnen mit ein. Wenn Sie Fragen über andere Personen stellen, sind dennoch auch Sie selbst mit im Spiel.

- Mischen Sie die Karten, wie Sie es gewöhnt sind. Alle verpflichtenden Vorschriften (Kartenziehen mit links; Mischen durch Rühren auf dem Tisch usw.) sind Humbug. Nichts gegen ein persönliches Ritual. Aber keine verpflichtenden Vorschriften.

- Legen Sie nach einem Legemuster aus, das Sie zuvor ausgewählt haben. Sie können dazu Legemuster aus der Literatur benutzen, aber auch eigene entwerfen (vor einer Kartenbefragung).

- Ziehen Sie die Karten, wie Sie es gewohnt sind. Legen Sie sie verdeckt in Form des Legemusters vor sich hin.

- Die Karten werden (im Normalfall) einzeln aufgedeckt. Erst wenn die Betrachtung und Interpretation einer Karte beendet ist, soll die nächste aufgedeckt werden.

- Alles, was während einer Kartenbefragung geschieht, kann zum Inhalt der gesuchten Antwort gehören.

- Die Antwort auf Ihre Frage geben *alle* Karten einer Auslage zusammen.

Aufbau des Tarot-Spiels

Wenn Sie sich in der Bilderwelt des Tarot orientieren, werden Sie Karten mit und ohne Untertitel und fünf Gruppen von Karten finden. Vier von diesen Gruppen erkennen Sie daran, daß in ihnen jeweils ein Symbol wiederkehrt.

Die Stäbe, Kelche usw. bilden jeweils eine «Farbreihe». Damit ist nicht eine bestimmte Farbigkeit der zugehörigen Bilder gemeint, sondern ein Satz Karten mit demselben Symbol, wie Sie es aus dem Skat-Spiel von Herz, Kreuz, Pik und Karo kennen.

So erkennen Sie die «großen Arkana»

Die vier Farbreihen machen 56 Karten aus. Diese 56 Karten zusammen werden die *kleinen Arkana* genannt (Arkanum = Geheimnis, Arkana ist die Mehrzahl).

Die fünfte Gruppe, die nun noch übrigbleibt, sind die 22 *großen Arkana*, die «großen Geheimnisse» oder die großen

Stationen des Tarot. Diese 22 «Großen Karten» erkennen Sie im WAITE-Tarot daran, daß nur bei diesen am Kopf eine Zahl *und* am Fuß ein Untertitel angegeben sind. Im CROWLEY-Tarot sind sie durch das in großer, blasser Schrift gedruckte Wort «Trümpfe» gekennzeichnet. Im CROWLEY- wie im VOYAGER-Tarot unterscheiden Sie diese 22 Karten auch an den römischen Ziffern.

Archetypen

Die 22 *Großen Karten* halten aktuelle Botschaften bereit – und stellen zusätzlich individuelle und kollektive *Leitbilder* (Urbilder, Archetypen, «Grundwerte») dar.

Das Wort Archetyp besitzt eine Doppelbedeutung. Es fragt nach den Urbildern und *ersten Prägungen*, die wir kollektiv ererbt haben und die tatsächlich bis in die Anfänge der Kulturgeschichte zurückreichen.

Eine zweite Bedeutung verbindet sich mit dem Begriff des Archetyps, auch wenn diese immer noch weniger bekannt ist als die erste: Archetyp bezeichnet die Erstprägungen, die wir in unserem Leben jeweils als erste oder als erster vollbringen. Wir alle besitzen archetypische Kräfte, insofern wir selber als Urheber oder Urheberin tätig werden.

Jede Tarot-Karte verkörpert *beide* Aspekte der Archetypen. Besonders nachdrücklich die 22 Großen oder Trumpfkarten.

Die vier Elemente

Für die Interpretationen der 56 *Kleinen Karten* stehen uns die *vier Elemente* zur Verfügung, die im allgemeinen etwa folgendermaßen den vier Farbreihen zugeordnet werden:

Feuer

Stäbe vertreten das Element Feuer. Sie stehen für Wille, Lebensenergie, Daseinsfreude und Selbstbehauptung, für Kreativität, Schaffenskraft und Wachstum. Die Welt der Stäbe ist die Welt der Entschlüsse und Taten, des Engagements, der Verwirklichung und der Macht. Stäbe handeln von Unternehmungen und Auftritten, von Identität, Selbstvertrauen, Intuition, Begeisterung und Erfolg.

Zu den Stäben und dem Element Feuer gehören die Tierkreiszeichen Widder, Löwe und Schütze.

Wasser

Kelche vertreten das Element Wasser. Kelche, auch Pokale genannt, stehen für die Seele, das Innenleben und das Unbewußte. Ihre Welt ist die Welt der Gefühle, Stimmungen und Ahnungen, der inneren Stimme und der spirituellen Erfahrung. Sie handeln von innerer Wahrnehmung und innerem Wissen, von Sinn und Bedeutung, von Freude, Trauer, Leere und Erfüllung.

Zu den Kelchen und dem Element Wasser gehören die Tierkreiszeichen Krebs, Skorpion und Fische.

Luft

Schwerter oder *Kristalle* vertreten das Element Luft. Sie stehen für Geist und geistige Energie, für Bewußtheit, Wissen und Intellekt. Die Welt der Schwerter oder Kristalle ist die Welt der Erkenntnisse und Entscheidungen, der Einfälle und Beurteilungen. Schwerter oder Kristalle handeln von Gedanken und Vorstellungen, von der bewußten und ausdrücklichen Wahrnehmung der Welt und des Selbst, von Originalität, Freiheit, Lernprozessen und Klarheit.

Zu den Schwertern, Kristallen und dem Element Luft gehören die Tierkreiszeichen Waage, Wassermann und Zwillinge.

Erde

Münzen/Scheiben/Welten vertreten das Element Erde. Sie stehen für den Körper, körperliches Erleben, praktische Fähigkeiten und persönliche Talente, für die konkrete materielle Lebensgestaltung und die Einrichtung der Umgebung. Die Welt der Münzen, Scheiben oder Welten ist die Welt der Ergebnisse, Fakten und Produkte, der körperlichen Wahrnehmung und Empfindungen. Sie handeln von Arbeit und Ernte in Natur und Gemeinwesen, von Erdverbundenheit und Sicherheit.

Zu den Münzen/Scheiben/Welten und dem Element Erde gehören die Tierkreiszeichen Steinbock, Stier und Jungfrau.

Die Karten Ihres Tierkreiszeichens

Schlagen Sie in der Tabelle auf S. 151 f. nach, welche Tarot-Karten zu Ihrem Tierkreiszeichen gehören. Schauen Sie sich diese Karten oder einzelne davon in Ruhe an.

Persönlichkeitskarte

Um die *Persönlichkeitskarte* zu ermitteln, wird aus den Ziffern Ihres Geburtsdatums die Quersumme gebildet: Zum

Beispiel das Datum 8.9.1963 ergibt: 8+9+1+9+6+3 = 36. Liegt diese Summe bei einer Zahl zwischen 1 und 21, so ist die Große Karte aus Ihrem Spiel, die die gleiche Zahl trägt, die zugehörige Persönlichkeitskarte. (*Große Karten* erkennt man daran, daß sie römische Ziffern tragen und in blasser Schrift den Untertitel *Trümpfe* tragen.) Ist zum Beispiel die Quersumme = 19, so ist die entsprechende Persönlichkeitskarte XIX – Die Sonne.

Beträgt die errechnete Quersumme 22, so gilt die 22. Große Karte – das ist «Der Narr» – als betreffende Persönlichkeitskarte.

Liegt die Quersumme jedoch, wie im obigen Beispiel, bei 23 oder höher, so müssen Sie aus der errechneten Quersumme noch einmal die Quersumme ziehen. Zum Beispiel ergibt dann 36 als weitere Quersumme 3+6 = 9; die Große Karte mit der gleichen Ziffer ist nun die zutreffende Persönlichkeitskarte, in diesem Beispiel IX – Der Eremit.

Gibt es «gute» und «schlechte» Karten?

Alle 78 Karten sind untereinander «gleichberechtigt» und gleichwertig. Es gibt keine an-sich-guten oder an-sich-schlechten Karten. Jede Bildgestalt – ob Mann oder Frau, Kind oder Erwachsene/r, Mensch, Tier, Ding, Form, Farbe u. a. m. – kann Sie und/oder einen bestimmten Teil von Ihnen darstellen.

Wer legt die Tarot-Karten?

Für das heutige Tarot-Kartenlegen ist es typisch, daß der Frager oder die Fragerin die Karten selbst mischt, auslegt, beschreibt und deutet. Wer die Frage stellt, sollte die Karten auch selbst lesen und bei der Deutung das erste und das letzte Wort haben. Andere anwesende Personen bei einer Auslage sind zum Gespräch und zur Begleitung dabei – zur Unterstützung und, wenn es sein muß, auch einmal zur Kritik.

Wenn Sie mit mehreren Personen ein Tarot legen, so kann der oder die Fragende die eigene Frage den anderen mitteilen oder für sich behalten. Beides hat einen Vorteil: Ist die Frage bekannt, so kann man sich bei der Deutung der Bilder auf die Frage beziehen. Bleibt die Frage anonym, so bringt dies den Vorteil – besonders bei Leuten, die sich ohnehin schon gut kennen –, daß man, statt eines bloßen Meinungsaustausches, stärker dazu angehalten wird, die Bilder und Symbole auf neue Antworten hin zu untersuchen.

Halten Sie sich an die «Spielregel»: Wir können mit anderen, aber nicht für andere Tarot legen. Oder haben Sie schon einmal *für* andere in den Spiegel geschaut?

Welche Frage?

Alle Fragen, die Ihnen wichtig erscheinen, die Sie zum Beispiel in Ihr Tagebuch schreiben würden, können Sie mittels der Tarot-Karten klären. Halten Sie sich an das, was Ihnen am Herzen liegt und was Sie bewegt.

Man liest gelegentlich, es dürfen keine Ja- und Nein-Fragen an das Tarot gerichtet werden. Warum denn nicht? *Wenn* Sie eine Ja- oder Nein-Frage beschäftigt, dann ist es vollkommen in Ordnung, wenn Sie diese Frage an die Karten stellen. Denn gerade für das, was für Sie innerlich von Bedeutung ist, sind die Tarot-Karten gut.

Der Ausgang der Befragung ist selbstverständlich offen.

Sie können, je nachdem, in den Karten eine bestimmte Richtung erkennen oder Sie erfahren die *Zusammenhänge*, die mit Ihrem «Ja» oder «Nein» einhergehen.

Wie sehen Sie das Bild?

Achten Sie darauf, aus welcher Perspektive Sie das betreffende Bild wahrnehmen. Identifizieren Sie sich mit der Bildfigur? Wenn mehrere Gestalten im Bild enthalten sind, finden Sie sich dann in allen wieder, oder wo sehen Sie Ihren Anteil? Jede Karte kann aber auch für Menschen, Dinge oder Vorgänge in Ihrer Umgebung stehen. Bestimmen Sie also Ihr Verhältnis zu den einzelnen Bild- und Symbolgestalten.

Was löst die Karte in Ihnen aus?

Für die selbständige Deutung des Tarot ist es außerordentlich hilfreich, wenn Sie Ihre volle Aufmerksamkeit auf jede einzelne Karte richten, die aufgedeckt wird, und wenn Sie gleichzeitig *Ihre eigenen Reaktionen* und Gefühle dabei beobachten. Wenn Sie voll bei der Sache sind, das heißt bei der jeweils vorliegenden Karte, und zur gleichen Zeit durch Ihr geistiges Auge Ihr eigenes Verhalten beobachten, besitzen Sie einen direkten, spannenden und wirkungsvollen Zugang sowohl zu den Karten als auch zu Ihrer Selbsterfahrung. Um so deutlicher erleben Sie die «Magie des Augen-Blicks».

Jede Karte spricht für sich, und bei jeder neuen Betrachtung möglicherweise auf eine andere Art. Lassen Sie sich auf ihre Botschaft ein.

Welche Antwort?

Die Antwort auf Ihre gestellte Frage gibt jedesmal die Auslage insgesamt, nicht eine einzelne Karte aus dieser Auslage.

In der Schlußrechnung können Sie für jede Auslage die *Quersumme* der ausgelegten Karten berechnen. Dabei werden die Ziffern aller aufgedeckten Karten addiert (Hofkarten, wie Königin, Ritter usw., und «Der Narr» zählen 0, und Asse zählen 1). Mit der errechneten Quersumme verfahren Sie so, wie weiter oben für die Persönlichkeitskarte beschrieben (vgl. S. 25 f.). Die Große Karte, deren Ziffer der errechneten Quersumme entspricht, ist die *Quersummenkarte* oder «Quintessenz».

Die Bedeutung der Quersummenkarte: Die Auslage selber ist und bleibt vollständig; durch die Quersummenkarte kommt *nichts Neues* hinzu. Die Quersummenkarte stellt eine mögliche Zusammenfassung der Auslage dar, wie eine Überschrift, manchmal aber auch wie eine Kontrollkarte zur Gegenprobe.

Umgekehrte Lage der Karten?

Die schematische Gegenüberstellung von aufrechter und *umgekehrter Lage* der Karten ist heute überflüssig geworden. Im Unterschied zu Wahrsagerei und älterer Esoterik gehen wir heute davon aus, daß *jede* Karte positive und negative Deutungen besitzt.

Mehr noch: Bevor die Bedeutungen einer Karte festgestellt werden, bietet *jedes Bild* und *jedes Symbol* ein ganzes Spektrum unterschiedlicher Wahrnehmungs- und Auffassungsmöglichkeiten.

Von einigen Sonderfällen abgesehen empfiehlt es sich, die Karte so zu wenden oder den eigenen Betrachterpunkt so zu wählen, daß wir das Bild aufrecht sehen, gleichgültig, in welcher Lage es beim Aufdecken erscheint.

Welcher Zusammenhang?

Für nicht wenige Tarot-Spieler/innen macht es einen Unterschied, ob sie eine einzelne Karte deuten oder eine größere, komplexe Auslage. Die größere Auslage zu deuten fällt schwerer.

Wenn Sie zu dieser Gruppe von Tarot-Spieler/innen gehören, berücksichtigen Sie, daß *alles*, was beim Tarot-Kartenlegen geschieht, einen *Spiegel* darstellt. Wenn es jemandem Mühe bereitet, *Zusammenhänge* festzustellen und zu interpretieren, so ist es in aller Regel kein spezielles Problem beim Tarot-Kartenlegen. Der Spiegel macht vielmehr nur eine *Gewohnheit* deutlich, die sonst auch im Alltag besteht. Suchen und finden Sie also die Zusammenhänge, den «roten Faden» in Ihrem Leben!

Zur Verbesserung des persönlichen Blicks für Zusammenhänge trägt Kartenlegen schon dadurch bei, daß Sie ihn mit jeder Auslage trainieren. Darüber hinaus helfen hier die Quersummenkarte am Schluß einer Auslage (s. o.) sowie eine persönliche Auseinandersetzung mit der Karte X – Rad des Schicksals/Glück/Fülle, die das Thema «Zusammenhang» u. a. zum Inhalt hat.

Zeitliche Gültigkeit?

Für die *zeitliche Gültigkeit* einer Auslage lassen sich keine allgemeinen Regeln aufstellen. Es gibt Themen, die sich mit der formulierten Frage und der Antwort, die das Tarot darauf gibt, bereits erledigt haben. Andere Fragestellungen können uns monate- und jahrelang beschäftigen. Und es gibt Lebensthemen, die uns, wenn auch in Varianten und Wandlungen, ein Leben lang begleiten.

Wenn in der Literatur also gelegentlich zu lesen ist, eine Tarot-Befragung habe eine Gültigkeitsdauer von z. B. vier bis sechs Wochen oder erstrecke sich auf einen «Nahzeitraum von drei Monaten», dann ist dies so haltlos und unbegründet wie viele andere Anschauungen auch, die der traditionellen Wahrsagerei entstammen.

Training der Deutung

Es gibt einen wesentlichen Unterschied zwischen Deutung und Interpretation. Auch wenn die beiden Begriffe mitunter verwechselt werden, so wird im engeren Sinn unter «Deutung» nur die *Wahrnehmung* eines Bildes und Symbols verstanden. Zur eigentlichen *Deutung* gehört noch keine Bewertung!

Es geht zunächst um die reine Bildbetrachtung und Bildbeschreibung. Die inhaltliche Auswertung und die «Botschaft» einer Karte sollten nach Möglichkeit von der Deutung getrennt werden; sie sind Sache der späteren *Interpretation*.

Worin besteht nun die eigentliche *Deutung*? Sie besteht darin, das Bild und die Symbole einer Karte aufmerksam zu betrachten. *Wie* sehen Sie das Bild? Aus welcher Perspektive betrachten Sie die Karte? Identifizieren Sie sich mit einer der abgebildeten Gestalten, oder schauen Sie nur aus der Distanz des Betrachters oder der Betrachterin auf die Karte?

Jede Karte läßt sich wie ein Vexierbild betrachten. Vexierbilder sind Wandelbilder, die, je nach Blickrichtung, eine andere Optik, ein unterschiedliches Bild darbieten.

Tarot-Vexierbilder

Eines der markantesten Beispiele aus dem WAITE-Tarot, das inzwischen oft zitiert wurde, ist das *Doppelgesicht* der kleinen Frau im WAITE-Bild der «sechs Kelche» (vgl. S. 115).

Die kleine Frau nimmt eine zweifach deutbare Haltung ein. Einmal schaut sie weg (das Gelbe ist dann ihr Gesicht, links und rechts umgeben vom rotorangen Kopftuch). Ein andermal sieht sie zu dem Männlein hin (das Gelbe ist jetzt ihr Zopf, links davon ihr Gesicht und rechts davon ihr Kopftuch). Beide Blickrichtungen sind hier wichtig. Meistens fällt uns jedoch nur *eine* Blickrichtung bei dieser Karte auf, entweder die zugewandte oder die abgewandte.

Die Karte der «sieben Schwerter» aus dem CROWLEY-Tarot (vgl. S. 131) läßt sich so betrachten, daß ein großes Schwert von vielen, nämlich sechs kleinen Schwertern in Schach gehalten wird, so als ob ein großes Argument durch viele kleine Gegenargumente entkräftet oder geschwächt wird. (So läßt sich auch der Titel dieser Karte aus dem CROWLEY-Tarot, «Vergeblichkeit», rechtfertigen.) Dasselbe Bild läßt sich aber auch so beschreiben: Ein großes Schwert nimmt die Kraft vieler kleiner gegenläufiger Schwerter in sich auf (ein Argument oder eine geistige Position wächst dadurch, daß viele Gegenargumente berücksichtigt und in die eigene Überlegung einbezogen werden); dann sieht diese Karte «sieben Schwerter» aus dem CROWLEY-Tarot ganz anders aus: Das eine große und die sechs kleinen Schwerter ergänzen sich zu einer Struktur, die fast wie ein Baum anzusehen und klar und schön wie ein Kristall ist (vgl. die

Umbenennung der Schwerter in «Kristalle» im VOYAGER-Tarot).

So geht es in vergleichbarer Form bei jeder Karte darum, zunächst zu beachten, was überhaupt zu sehen ist!

Stellen Sie fest, *wie* Sie das Bild betrachten. Beobachten Sie sich auch einmal selber gleichsam von außen, wenn Sie ein Tarot-Bild betrachten. *Was* Sie in einer Tarot-Karte sehen, ist nicht selbstverständlich und bietet Ihnen jeweils Varianten an.

Training der Interpretation

Bei der *Interpretation* geht es um die Auswertung und Zuspitzung Ihrer Assoziationen und Ihrer Deutungen der betreffenden Karte. Die Interpretation eines Symbols stellt ein *Begreifen* dar. Sie erarbeiten einen Begriff für das, was Sie sehen und was Ihnen einfällt, und geben dabei dem Erfahrenen eine (momentane) Beurteilung und Bewertung.

Wenn Sie Ihre Interpretationen der Tarot-Karten ausbauen und verbessern möchten, so berücksichtigen Sie die folgenden Gesichtspunkte: Üben, üben ... Vorhandene Erklärungen und Interpretationen lesen, studieren und sammeln; die eigene Sichtweise und die persönliche Betroffenheit gegenüber jeder Karte (für Sie selber) formulieren.

Subjektstufe und Objektstufe

Wie in der Traumdeutung, so gibt es auch in der Tarot-Deutung eine «Subjektstufe» und eine «Objektstufe».

Auf der *Objektstufe* stehen die verschiedenen Bildfiguren für *andere* Menschen, denen Sie als Betrachter/in begegnen oder begegnet sind. Auf der *Subjektstufe* ist jede Bildfigur als Spiegelung eines Eigenanteils der Betrachterin oder des Betrachters zu verstehen. So können z. B. die Bildfiguren auf der Karte «VI – Die Liebenden» Ihre Beziehungen zu anderen wie auch zu sich selbst darstellen.

Wenn Sie nicht genau wissen, ob jetzt die Objektstufe oder die Subjektstufe für Ihre Interpretation wichtig ist, arbeiten Sie bis auf weiteres mit beiden Alternativen. So geht es bei der Karte «VI – Die Liebenden» sowohl um Distanz und Auseinandersetzung im Verhältnis zu anderen wie zu sich selbst als auch um die Liebe, die Liebeserklärung wiederum an andere wie an sich selbst!

Praktische Konsequenzen

Jede Karte kann eine bestimmte Aufgabe als erledigt oder als bevorstehend anzeigen!

Die Botschaft der Karte kann eine *Warnung* sein, eine *Ermunterung* oder eine *Bestätigung*. Wenn Sie nicht sofort wissen, welche der Alternativen im Augenblick für Sie zutreffend ist, lassen Sie bis auf weiteres alle Varianten gleichzeitig gelten. Die Warnung, die eine Karte beinhaltet, und die Ermunterung, die sie vermittelt, schließen sich auch nicht gegenseitig aus.

Der «rote Faden» des Tarot-Kartenlegens

Der rote Faden im Umgang mit dem Tarot, gleich welcher Art, besteht in der Arbeit mit persönlichen Wünschen und Ängsten.

Sinnvolle Wünsche wollen von sinnlosen unterschieden und verwirklicht werden; unberechtigte Ängste wollen von berechtigten Ängsten unterschieden und beseitigt werden.

Solange Sie auf diesem Weg vorangehen, wird Ihnen Ihre Arbeit mit Tarot und jeder anderen Art von Medium oder «Grenzwissenschaft» Nutzen bringen. Und umgekehrt, auch eine reichhaltige Tarot-Praxis oder eine umfangreiche Symbolkenntnis bleibt im persönlichen Sinne wertlos, wenn jener rote Faden, die Aufhebung persönlicher Wünsche und Ängste, fehlen sollte.

Legemuster

Der Stern

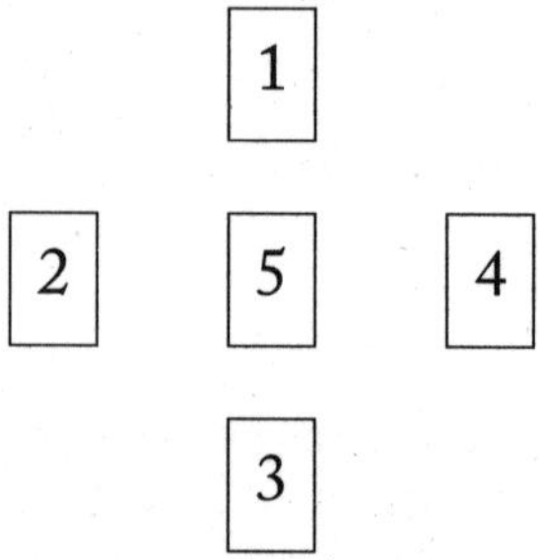

1 – Wo Sie stehen
2 – Ihre Aufgabe
3 – Ihre Schwierigkeiten
4 – Ihre Stärken
5 – Ihr Ziel

oder

1 – Wo Sie stehen
2 – Ihre Aufgaben
3 – Ihre Ängste
4 – Welche Einstellung Ihnen weiterhilft
5 – Das Ergebnis der Bemühungen

«Tendenzen & Perspektiven»

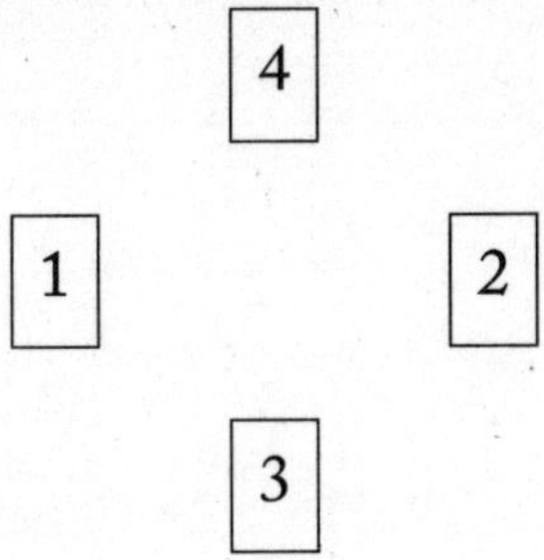

1 und 2 – Hauptaussage
3 – Wurzel oder Basis
4 – Himmel, Chance, Tendenz

oder

1 – Einerseits/Der Aspekt, den Sie schon kennen
2 – Andererseits/Die Kehrseite
3 – Was geändert werden muß
4 – Urteil, Perspektive

«Mut zur Lücke»

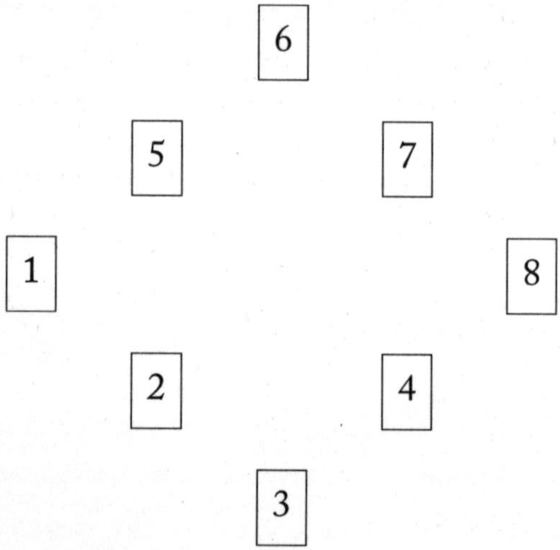

1 – Das ist möglich
2 – Das ist wichtig
3 – Das ist mutig
4 – Das ist nichtig
5 – Das ist nötig
6 – Das ist heiter
7 – Das ist witzig
8 – Das führt weiter

«Der Weg der Wünsche»

Bei dieser Auslage werden die Karten nicht gezogen, sondern ausgesucht. Insgesamt benötigen Sie fünf Karten.

Zuerst eine für das, was ist. Wählen Sie mit Ruhe und Konzentration ein Bild für Ihre momentane Situation.

Wenn Sie diese Karte gefunden haben, legen Sie diese vor sich hin. Dann finden Sie eine für das, was sein soll, das heißt, für das, was Sie sich wünschen. Nehmen Sie sich dafür soviel Zeit, wie Sie benötigen.

Wenn dann die beiden Karten vor Ihnen liegen, schieben Sie diese auseinander und suchen Sie drei weitere Karten aus, die als Verbindungsstück, als Brücke dienen können, um von dem, was ist, zu dem gewünschten Ziel zu gelangen. Achten Sie bei der Auswahl darauf, daß es eine tragfähige Brücke wird und daß Sie auf der anderen Seite *ankommen*.

Zum Schluß betrachten Sie die Karten durchgängig als *einen* Weg und eine Geschichte.

1	3	4	5	2

1 – Momentane Situation
2 – Wunschvorstellung
3, 4, 5 – Brücke von 1 nach 2

«Das Kirchhof-Spiel»

1	2	3	4	5	6	7	8	9	10	11	12	13

Diese Auslage eignet sich, um eine Frage zu beantworten und zugleich zu prüfen.

Zum Vorgehen: Zunächst wird der «Narr» aus dem Spiel herausgenommen. Mischen Sie die verbleibenden 77 Karten und wählen Sie (verdeckt) 12 Karten aus, zu denen Sie nun – ebenfalls mit dem Bild nach unten – den «Narr» hinzufügen. Diese 13 Karten werden erneut gemischt und in der angegebenen Weise ausgelegt.

Alle 13 Karten zusammen antworten auf die gestellte Frage.

Die Karte «Der Narr» bezeichnet dabei – gleichsam als «Stunde Null» – die Wende in einer Entwicklung oder auch eine «Stunde der Wahrheit».

Auswertung:

(1) Der «Narr» kennzeichnet die Gegenwart. Sie sehen also einen Entwicklungsverlauf als Antwort auf Ihre Frage. Liegt der «Narr» am Anfang der Reihe, dann haben Sie das meiste in dieser Angelegenheit noch vor sich; Sie stehen an einem Neuanfang. Erscheint der «Narr» zum Schluß hin, so besagt dies, daß die betreffende Entwicklung weitgehend hinter Ihnen liegt.

(2) Die Stellung der Karte «Der Narr» gibt auch die Reichweite Ihrer Frage an: Was *vor* dem «Narr» erscheint, zeigt die bewußte Einstellung. Alles, was *nach* dem «Narr» aufgedeckt wird, beschreibt die unbewußte Einstellung und eine bisher unbewußte oder unbekannte Frage, die über die Anfangsfrage hinausgeht.

Erscheint der «Narr» am Anfang der Reihe, sind die meisten Aspekte der gestellten Frage entweder noch unbekannt oder die Frage selber reicht nicht weit genug. Erscheint der «Narr» jedoch am Ende der Reihe, gilt, daß die gestellte Frage gut und weitreichend gestellt ist.

Resümee: Alle 13 Karten zusammen. Wenn gewünscht, Quersumme.

(Nach: Bill Butler, *Dictionary of the Tarot.*)

Tarot-Magie

1	2

1 – Diese Karte wird offen ausgesucht:
Ihre bewußte Einstellung
2 – Diese Karte wird verdeckt gezogen:
Ihre unbewußte Einstellung

Ziel dieser Auslage ist es, die bewußte und die unbewußte Einstellung zu einem Thema zu vergleichen. Werden Sie sich zunächst über Ihre Frage oder die Thematik, über die Sie Aufschluß gewinnen wollen, klar. Merken Sie sich Ihre Frage.

Dann nehmen Sie die Karten so, daß Sie die Bilder anschauen können, und blättern die Karten durch. Nehmen Sie die Karte heraus, die Sie für Ihre Fragestellung am meisten anzieht.

Dann werden die Karten gewendet, die Bilder zeigen nun nach unten. Jetzt mischen Sie die Karten wie gewohnt und ziehen eine heraus. (Nach: Mario Montano, *Poker mit dem Unbewußten.*)

Lieblingskarte

1

Diese Karte wird nicht gezogen, sondern ausgesucht. Welche Karte finden Sie – nach dem, was Sie von den Karten wissen und wie Sie vom Gefühl her die einzelnen Bilder wahrnehmen – am besten? Welche Karte ist im Moment Ihr Liebling?

Eine Lieblingskarte herauszusuchen – immer einmal wieder, von Zeit zu Zeit – macht Spaß. Zunächst hat diese Übung auch einen tieferen Sinn: Man achtet darauf, welche Wünsche und Interessen im jeweiligen Augenblick im Brennpunkt stehen!

Streßkarte

1

Diese Karte stellt Gegensatz und Ergänzung der Lieblingskarte dar. Auch sie wird nicht gezogen, sondern ausgesucht.

Welche Karte erscheint Ihnen – von dem her, was Sie über sie wissen und/oder was Sie bei ihr empfinden – am schlimmsten oder am unangenehmsten? Welche Karte verursacht Ihnen am meisten «Streß», wenn sie in einer Auslage in positiver oder negativer Deutung erscheint?

«Keltisches oder Sonnenkreuz»

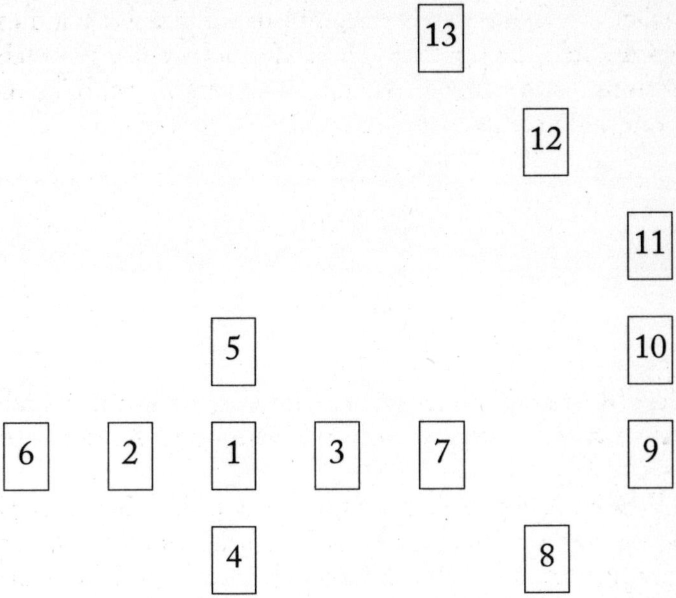

1 – Thema der Frage, Sie selbst
2 – Positive Ergänzung zu 1
3 – Negative Ergänzung zu 1
4 – Wurzel, Basis, Stütze
5 – Krone, Chance, Tendenz
6 – Vergangenheit oder was schon da ist
7 – Zukunft oder was neu zu beachten ist
8 – Zusammenfassung der Positionen 1–7; Ihre innere Kraft, Ihr Unbewußtes
9 – Hoffnungen und Ängste
10 – Umgebung und Einflüsse von außen; Ihre Rolle nach außen

11, 12, 13 – Resümee oder ein Faktor, auf den Sie besonders aufmerksam gemacht werden, der bereits vorhanden ist und der für Ihre Frage besondere Bedeutung gewinnen wird.

«Keltisches oder Sonnenkreuz»
(Variante)

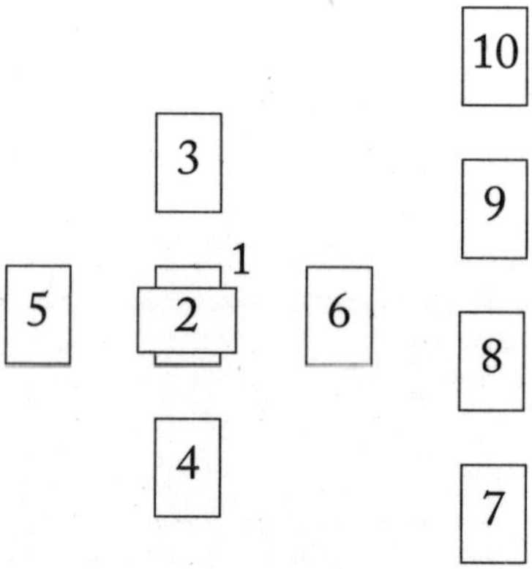

1 – Ausgangspunkt, Thema der Frage
2 – Kreuzkarte, Gegensatz oder Ergänzung zu 1
3 – Chancen, Krönung, bewußte Seite
4 – Wurzel, Basis, unbewußte Seite
5 – Vergangenheit
6 – Zukunft
7 – Ihre innere Kraft, Ihre innere Einstellung
8 – Einflüsse von außen, Ihr Verhalten nach außen
9 – Hoffnungen und Ängste
10 – Ergebnis, Ziel, Aufgabe

Quellen der Weisheit

Die Großen Arkana

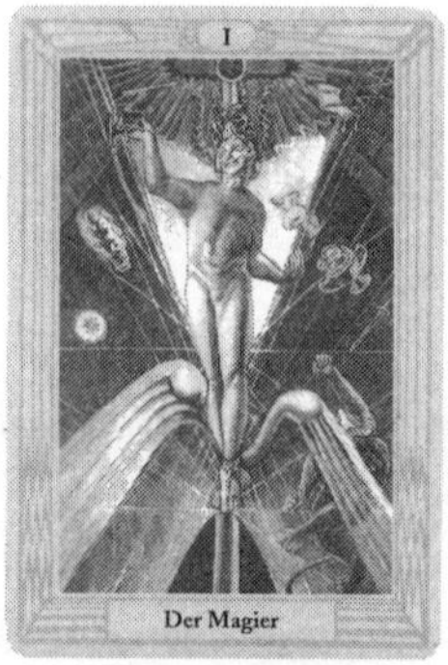

I – Der Magier

Ob Merlin oder Dr. Faustus, schamanische Priester/innen oder weise, wissende Hexe – in vielen Versionen ist uns die Kunde von Zauberern und Zauberinnen überliefert. Als gottgleiche Helden oder abgrundtiefe Bösewichte haben wir sie schon unendlich oft in Fernsehfilmen und Comicstrips gesehen. Doch ist dies hier völlig bedeutungslos.

Es gibt eine Art der persönlichen Magie, die wirklich zauberhaft und zugleich völlig realistisch ist. Diese Magie ist keine Frage der Rituale oder der Romantik. Es geht weder um Allmachtsvorstellungen (die jedesmal tatsächliche Ohnmachtserfahrungen widerspiegeln) und auch nicht um eine Frage der Konzentration und der Willensanstrengung (auch wenn viele Kommentare uns dies vorschlagen möchten).

Es geht eben nicht um Willenskraft und Wunschdenken.

Magie, die «Möglichkeit des Unmöglichen», besteht darin, mit dem Kosmos, mit Gott und der Welt *eins* zu sein. Und dieses Einssein verwirklicht sich heutzutage vor allem in und durch den *Zauber der Individualität*.

Die Zahl der Karte, als Wort Eins, ist auf der Ebene der Zahlen, die im Tarot vorkommen, nicht teilbar. «Unteilbar» aber heißt lateinisch *Individuum*. Der «Magier» drückt den Teil der persönlichen Existenz aus, der unteilbar eigen ist. Als Magier/in gelingen Ihnen auf Ihrem Lebenswege Wunder, die für Sie dennoch *natürlich* sind, so wie andere Menschen auf ihrem individuellen Weg Zauberstücke vollbringen, die für Sie immer unerreichbar bleiben werden, weil deren Weg nicht Ihrer ist.

Das VOYAGER-Tarot ist eine einzige Hommage an die universellen Möglichkeiten, die sich Ihnen und uns allen bieten. Sie stellen sich in dem schier unerschöpflichen Reichtum der angebotenen Bilder und Eindrücke dar. Die Karte des «Magiers» bedeutet dabei speziell, daß Sie Ihren Platz im Universum gefunden haben und weiterhin finden. Himmel und Erde, Tag und Nacht, Vision und Wirklichkeit treten dabei in ein fruchtbares Spannungsverhältnis.

Untersuchen Sie die äußeren und die inneren Bedingungen Ihrer Lage oder Aufgabe in allen Einzelheiten. Öffnen Sie sich für neue Ideen und Einfälle. Vertrauen Sie auf die Kraft Ihrer Individualität, die Sie als solche mit allen Menschen gemeinsam haben, die Sie aber dem Inhalt nach von allen anderen unterscheidet. Diese Individualität ist Ihre Fähigkeit, mit den Wechselfällen des Lebens auf kreative und zauberhafte Art umzugehen.

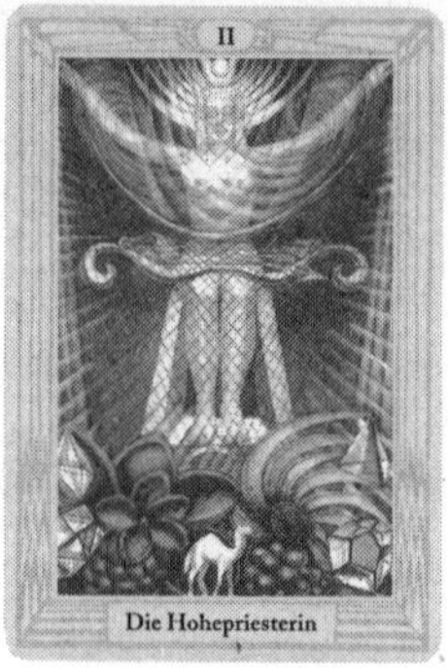

II – Die Hohepriesterin/Priesterin

Nach traditioneller Überlieferung stellt die Hohepriesterin eine Kraft dar, die dem «Otto Normalverbraucher» fern, fremd und unbekannt ist. Mythische Vorbilder – wie die Göttinnen Isis, Semele, Diana und andere – oder historische Anleihen – wie die Priesterin des Orakels von Delphi – werden hierzu häufig zitiert. Auf der anderen Seite ist es die *Wahrsagerin*, die im Laufe der Geschichte über viele Jahrhunderte versuchte, diese Rolle der «Hohepriesterin» auszufüllen.

Es ist historisch noch recht jung, die «Hohepriesterin» auch als eine Kraft in jeder/jedem von uns zu begreifen. Darauf sollten auch Sie in Ihren aktuellen Fragen den Schwerpunkt legen. In irgendeiner Weise sind Sie selber direkt angesprochen und direkt betroffen. Sie sind *auch* Ihre eigene Hohepriesterin, Ihr eigener Ratgeber bzw. Ratgeberin.

Für manche ist es bei dieser Karte wichtig, ruhiger zu werden. Die Stille der Berge und die Klarheit eines ungetrübten Wassers zu finden, wie es das Bild aus dem VOYAGER-Tarot so schön verdeutlicht. Für manche Menschen geht es auf der anderen Seite darum, die inneren Empfindungen deutlicher auszudrücken und umzusetzen. Die Eule (im VOYAGER-Bild) steht für die persönliche Weisheit, und in diesem Sinne geht es hier darum, zur eigenen *Wahrheit* zu finden (statt zur Wahrsagerin oder zum Wahrsager zu gehen).

Die Hohepriesterin ist heute als Sinnbild der inneren Stimme und der selbständigen Orientierung in Fragen der persönlichen Entwicklung und der seelischen Reife zu verstehen. Begraben Sie fruchtlosen Eigensinn und finden Sie den Sinn des Eigenen!

Jedes Lebewesen, jeder Moment, jeder Augenblick besitzt einen eigenen Sinn. Sie befinden sich auf einem langen Weg (das Kamel im CROWLEY-Bild). «Vernetzen» Sie Ihre eigene Betroffenheit und die Empfindungen Ihrer Mitmenschen. Bestimmen Sie jetzt die nächste Etappe der seelischen Lebensreise.

III – Die Herrscherin/Kaiserin

Muttergottheiten stehen bei der Interpretation dieser Karte oft im Vordergrund: Demeter, Aphrodite, Venus, Maria und andere.

Zugleich ruft das Bild starke Identifikationen hervor. Frauen sehen sich dann selbst darin, Männer ihre Erfahrung mit Frauen. So tut sich ein weites Feld persönlicher Einfälle und Vorstellungen auf. Und dieses Feld sollte auch als erstes bearbeitet werden. Frau, Freundin, Partnerin, Konkurrentin, Mutter, Großmutter, Tochter – es ist für Ihre aktuellen Fragen wichtig, Ihre Vorstellung von Weiblichkeit neu zu bedenken und aus Ihren diesbezüglichen Erfahrungen neue Konsequenzen zu ziehen. Dabei gilt es als großer Schritt voran, wenn Sie bestimmte Wünsche, aber auch gewisse Mängel nicht anderen in die «Schuhe» schieben. Sagen Sie also nicht: Meine Frau, Freundin, Mutter, Tochter usw. versteht mich nicht richtig. *Verstehen Sie lieber sich selber.* Verhalten Sie sich so, wie Sie es von Ihrer besten Freundin, Ihrer Traumfrau, Ihrer Wunschtochter, einer guten Mutter usw. erwarten würden. Kümmern Sie sich um die Verwirklichung der Bedürfnisse, die darin zum Ausdruck kommen.

Jenseits all dieser unmittelbar persönlichen Erfahrung, aber auch jenseits aller Verehrung von Großen Göttinnen und Göttlichen Müttern, deutet die Symbolik der «Herrscherin/Kaiserin» in eine andere Richtung. Diese Bildfigur steht für das Prinzip der *persönlichen Wahrheit*.

Alles, was die «Herrscherin/Kaiserin» macht, tut sie ganz. So läßt sich die bemerkenswerte Körperhaltung der «Kaiserin» im CROWLEY-Bild u. a. verstehen: Die «Kaiserin» ist *bewegt*, sie wendet sich dem zu, worauf ihr Augenmerk liegt. Die inneren Eindrücke spiegeln sich im äußeren Ausdruck. Das ist die Kraft der *Emotion*, die Bewegung als Ausdruck der Betroffenheit. Doch es ist auch das Prinzip der persönlichen Wahrheit und Wahrhaftigkeit, wenn sich das innere Empfinden im äußeren Verhalten, in der äußeren «Gestalt» widerspiegelt. Diese Wahrheit spricht das VOYAGER-Bild durch die Nacktheit an («die Wahrheit und nichts als die Wahrheit») und findet sich außerdem in einer Fülle von Einzelsymbolen in allen drei Bildern wieder, die hier nicht im Detail beschrieben werden können.

In Ihren aktuellen Fragen können Sie sich jede künstliche Profilierung ersparen, sollten aber auch von Selbstgefälligkeit oder allzu großer Empfindsamkeit Abstand nehmen. «Was fruchtbar ist allein ist wahr.» (J.W. v. Goethe) Jeder Mensch verkörpert eine bestimmte Wahrheit, die ihm eigen ist und die ihn auszeichnet. Sprechen Sie Ihre Mitmenschen in Respekt an, und Sie werden vieles bewegen und reiche Früchte ernten.

IV – Der Herrscher/Kaiser

Vatergottheiten, Vaterfiguren, Kaiser, Zaren und Cäsaren treten hier auf den Plan. Und doch geht es hier um die Aufgabe und das Prinzip, sich selbst zu regieren. Außerdem kommt es hier darauf an, daß Sie Ihr Bild von Männlichkeit und Väterlichkeit überprüfen und neu verstehen. Mann und Freund, Vater, Konkurrent, Großvater und Sohn – ähnlich wie bei der Karte «Herrscherin/Kaiserin» (vgl. Vorseite) liegt hier ebenfalls viel daran, bestimmte Defizite oder Erwartungen nicht zu sehr auf andere zu richten, als vielmehr bei sich selber festzumachen. Probieren Sie es und lernen Sie es, sich selber der Freund, der Mann, der Sohn, der Vater usw. zu sein, den Sie sich gewünscht hätten oder wünschen würden.

Diese große Station des Tarot stellt Ihnen die Frage, ob Sie in der Lage sind, sich selber zu organisieren und zu «regieren». Für Männer wie für Frauen gilt hier, daß es darauf ankommt, «Herr im eigenen Haus» zu sein. Die Widder-Köpfe, die in allen drei Bildern zu entdecken sind, wie auch das Osterlamm (CROWLEY-Bild) und der Sonnenaufgang (VOYAGER-Tarot) deuten darauf hin, daß es *Neu-*

land zu entdecken gibt, wenn Sie Ihr persönliches Reich «regieren» wollen. Diese Karte ist daher die wahrhaft *archetypische* Karte des Tarot. Vom altgriechischen Wort her bedeutet «Archetyp» nämlich nicht nur Urbild und Erstprägung, sondern auch Urheber/in und Erstpräger/in. Die Beschäftigung mit psychologischen Archetypen wird bis heute noch weitgehend so verstanden, daß man nach ererbten (kollektiven) Prägungen des eigenen Bewußtseins und Unbewußten fragt. Tatsächlich aber ist der Begriff des Archetypen ein Begriff mit Doppeldeutung: Dort, wo ein Mensch etwas beginnt, was über alle bisherigen Vorbilder hinausgeht, wird dieser Mensch selber zum Urheber oder zur Urheberin – eben zum Archetypen. In Ihrem eigenen Reich sind Sie der oder die – erste. Sie sind «Herrscher oder Kaiser» und zugleich Anfänger! Diese archetypische Seite im eigenen Leben zu verwirklichen bedeutet, souverän zu sein und souverän zu werden in der Standortbestimmung der eigenen Person, vor Gott und in der Welt. Jenseits von Egoismus oder Schematismus können Sie Ihr eigenes «Reich» errichten und Lebensmöglichkeiten ausprobieren, die bisher noch keine/r ausprobiert hat. «In jedem von uns steckt ein König, sprich zu ihm, und er wird hervorkommen.» (Skandinavisches Sprichwort)

Dieses Neuland gibt es drinnen (in der eigenen Person) und draußen (in der Welt).

V – Der Hierophant/Hohepriester

Was einst die Aufgabe der Priester und Hohepriester war, ist heute Thema für uns alle: Wie finden wir Antworten für die großen und kleinen Geheimnisse des Lebens? Wie organisieren wir Feste, Freude- oder Trauerfeierlichkeiten, die den großen und kleinen Wechselfällen des Lebens entsprechen?

Das *ganze* Bild heißt «Der Hohepriester» oder «Der Hierophant». Dieser Umstand hat seine Bedeutung: Das Zusammenspiel *aller* Bildgestalten führt Sie zur persönlichen *Quintessenz*, die im Bild durch die Zahl V, aber auch durch verschiedene Einzelsymbole (so die beiden Pentagramme im CROWLEY-Bild) dargestellt wird. Die Schlüssel im WAITE- und im CROWLEY-Bild erinnern an die «Schlüsselgewalt» des Petrus, des ersten Papstes: «Was du auf Erden lösen wirst, wird auch im Himmel gelöst sein. Und was du auf Erden binden wirst, wird auch im Himmel gebunden sein.» Dies ist nochmals als Aufforderung zu verstehen, sich in Glaubensfragen, spirituellen Bestrebungen und Herzensangelegenheiten *selbständig* zu machen.

Diese Selbständigkeit in Glaubensdingen bezieht sich

auf den religiösen und den kirchlichen Glauben, aber auch auf den Glauben, den man an einen Menschen, an eine Aufgabe oder ein Lebensziel hat, und gilt schließlich auch für jenes Himmelreich, das in den Worten anklingt: «Des Menschen Wille ist sein Himmelreich.»

Nicht zufällig handelt diese Karte daher auch davon, sich selbst einzuweihen. Sich um die eigenen Fragen zu kümmern schafft die Grundlage dafür, von anderen zu lernen und andere zu unterrichten, ohne missionarischen Bekennerdrang und ohne Selbstverleugnung. Die eigene Quintessenz ruht dann in Ihnen und nicht auf einem fernen «Guru» .

Fragen stellen, in Frage stellen und Antworten finden – hören Sie zu und verstehen Sie beide Seiten. Es kommt für Ihre aktuellen Fragen darauf an, daß Sie andere in Ihre Geheimnisse einweihen und daß Sie sich von anderen in neue, bisher unbekannte Zusammenhänge einführen lassen. So erwachsen Verständnis und ein Glaube, der nicht auf Dogma oder blindem Vertrauen beruht, sondern auf Erfahrung.

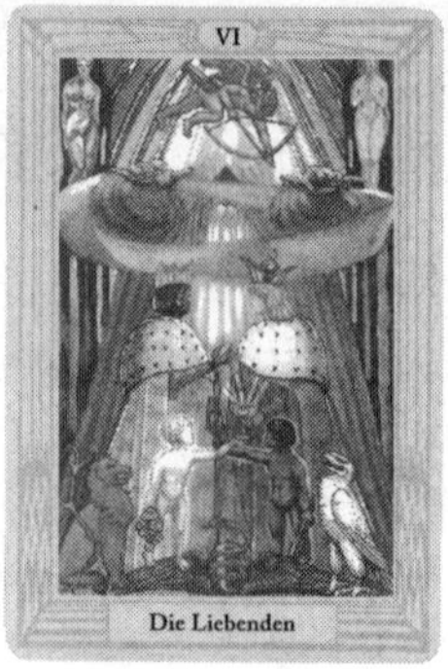

VI – Die Liebenden

Auf den ersten Blick ist diese Karte einfach eine «supergute» Karte. Und tatsächlich regt sie dazu an, all Ihre Erfahrungen und Erwartungen in Sachen Liebe und persönliches Paradies zusammenzutragen: «Ich kann meine Träume nicht/fristlos entlassen,/ich schulde ihnen/noch mein Leben.» (Frederike Frei)

Und doch sind in den Bildern auch *Schattenseiten* enthalten. Das VOYAGER-Bild macht sehr deutlich auf das Problem des fehlenden Abstands aufmerksam. Und fehlender Abstand bedeutet Schwierigkeiten bei der Unterscheidung von eigenem und anderem. Auch die Halbheiten einer Liebe, die im Partner nach der «besseren Hälfte» sucht, lassen sich in demselben Bild erkennen. Einen anderen Akzent setzen die Karten aus dem WAITE- und CROWLEY-Tarot. Hier ist jedesmal der Engel so gezeichnet, daß er komplett *zwischen* der Sonne bzw. dem kleinen Amor am oberen Bildrand und den Liebenden am unteren Bildrand plaziert ist. Je mehr nun dieser Engel einen Quäl- oder Plagegeist, einen ungeklärten geistigen Horizont darstellt, desto mehr stellt er eine graue Wolke dar. Desto mehr sind die Liebenden von der Sonne bzw. von der Liebe getrennt und stehen tatsächlich im Schatten. Gerade das Unmerkliche, das Unsichtbare, der Blinde Fleck, gilt denn auch seit dem Altertum als klassisches Merkmal des Schattens (das Schwarze hingegen gehört eher zur Finsternis als zum Schatten). Die Schattenseiten aufzuklären heißt, der Liebe eine neue Chance zu geben.

Daß es bei diesem Bild *schwierig* erscheint, die Schattenseiten zu erkennen, dieser Umstand *entspricht* der Bedeutung des Schattens. Diese Karte entspricht damit auch solchen Situationen im Alltag, die paradiesisch oder idyllisch wirken, wo jedoch «wie aus heiterem Himmel» Angst, Panik oder Unwohlsein hervorbrechen. Tatsächlich kommen diese Empfindungen nicht von ungefähr. Sie waren in der betreffenden Situation bereits enthalten wie der große Engel oder Geist mit der grauen Wolke im WAITE- bzw. CROWLEY-Bild oder wie der fehlende Abstand oder die Halbierung der eigenen Person im VOYAGER-Bild.

Sie finden Ihr Paradies, wenn Sie bisher unbeachtete Schattenseiten bearbeiten und aufheben. Klären Sie Ihre Vorstellung, Ihre Wünsche und Ansprüche, was «Paradies» für Sie bedeutet. Versuchen Sie nicht, Ihr Unglück auf andere, auch nicht auf Ihre Partnerin oder Ihren Partner, zu übertragen. Bauen Sie auf die Macht der Liebe *und* der Erkenntnis, wenn Sie Ihr persönliches Glück erhalten und entfalten möchten.

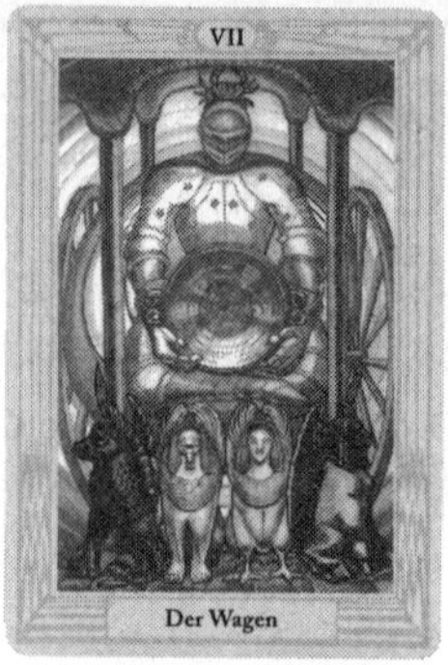

VII – Der Wagen

Der «Wagen» spielt auf der einen Seite selbstverständlich auf die Automobile an, die unser Leben prägen und gestalten. Daneben kennen Märchen und Mythen eine lange Reihe von göttlichen Himmelswagen und königlichen Prunk- oder Streitwagen. Beide Komponenten spielen in die vorliegenden Bilder hinein und beschreiben das Thema der *Selbsterfahrung*.

Zunächst die Frage: Wie sehen Sie den Wagen? Fährt er oder steht er still? Beide Betrachtungsweisen sind möglich und wichtig. Wenn ein Kreisel in voller Drehung begriffen ist, steht er zugleich am sichersten und am stabilsten.

Betrachten Sie die Antriebskraft des Wagens. Auf älteren Tarot-Bildern *ziehen* Pferde den Wagen. Eine solche Zugkraft ist in den vorliegenden Bildern *nicht* zu erkennen. Die Sphinxen, die Rätsel des Lebens, sind der eigenen Bewegung vorgelagert; sie sind ganz bildlich, die Vor-Läufer des eigenen Wegs. Wenn sich der Wagen aber aus eigener Kraft bewegt oder stoppt, wer sorgt dann für Bewegung und Bremsung? Nun, die Pferdestärken, die auf früheren Bildern außerhalb des Wagens angesiedelt waren, sind jetzt *drinnen*!

All die Löwen, Pferde, die Elemente und Himmelskräfte, die in antiken Darstellungen den Wagen zogen, werden nun als *Innenleben* verstanden und dargestellt: «Verstehe, daß du eine zweite Welt im kleinen bist und daß in dir die Sonne, der Mond und auch die Sterne sind.» (Origenes)

Im mehrfachen Sinne geht es hier um *Selbsterfahrung*. Darum, sich selbst zu erfahren wie auch selber Erfahrungen zu machen, zu leben und nicht gelebt zu werden. So entsteht ein bewegliches und dennoch stabiles Ich. Die persönlichen Erfahrungen auf einen Nenner zu bringen und in einem *Brennpunkt* zu vereinigen, das ist das Rätsel, die Aufgabe und der Lohn: Ein Ich, das eben nicht in einer Rolle oder in einem «Charakterpanzer» (vgl. Roboterfigur im CROWLEY-Bild) gefangen und verborgen bleibt.

Der «Wagen» bedeutet auch: Sie dürfen und sollen etwas *wagen* – einen eigenen Weg, einen persönlichen Stil und einen unabhängigen Kurs, der vielerlei Erfahrungen und Auseinandersetzungen in sich aufhebt.

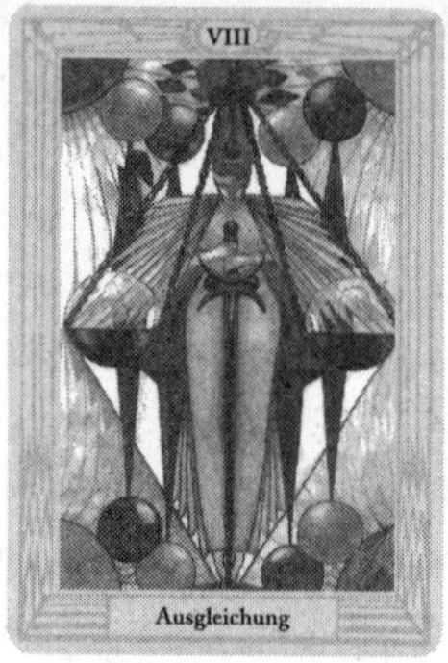

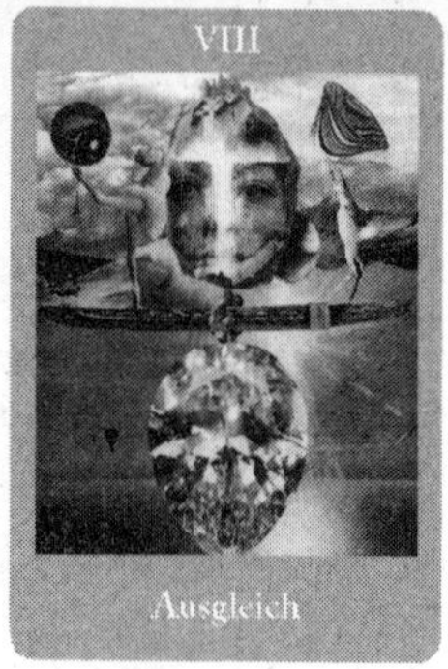

VIII – Kraft/Ausgleichung/Ausgleich

Die größte Ausgeglichenheit und zugleich Ihr Maximum an Kraft erreichen Sie, wenn Sie allen vorhandenen Kräften jeweils den Platz zuweisen können, auf dem diese sich am besten entfalten können. Das bedeutet: Es ist besser, danach zu fragen, wie sich vorhandene Kräfte einsetzen lassen, als darauf zu achten, wie sich vorhandene Schwächen am besten kritisieren lassen.

So geht es hier darum – für Sie selbst wie auch im Verhältnis zu Ihren Mitmenschen –, zum Manager oder zur Dirigentin vieler unterschiedlicher und gleichzeitiger Kräfte zu werden. Jeder der beteiligten Energien den rechten Platz zuzuweisen ist eine Frage der Gerechtigkeit und der Balance, aber auch eine Sache der praktischen Effektivität. So erreichen Sie am meisten.

Etwas zu erreichen bedeutet aber auch, es als *Eigenes* zu begreifen! Hier geht es um die Entfaltung des Ich-Bewußtseins, um die Gefahren der Egozentrik und die Chancen eines erfahrenen und gereiften Bewußtseins.

Die Darstellungen im CROWLEY- und im VOYAGER-Bild betonen vor allem die feinen *Nuancen* – die vagen Gefühle, die es abzuwägen gilt, wenn Sie Ihr Urteil bilden. Das Bild aus dem WAITE-Tarot hingegen unterstreicht die Aufgabe, Animus und Anima, «King Kong und die weiße Frau», Lebendigkeit und Bewußtheit zu einem einheitlichen, persönlichen Bewußtsein zusammenzufassen.

«Ausgleichung» und «Kraft» fragen ganz pragmatisch danach, wie Sie vielfältige, elementare Interessen zur gleichen Zeit «unter einen Hut bekommen» und den verschiedensten Bedürfnissen zur gleichen Zeit Genüge, Genugtuung verschaffen. Finden Sie heraus und berücksichtigen Sie, was Sie und andere wollen. So lernen Sie, mit dem anderen etwas anzufangen, und sei es zunächst auch noch so fremd.

Nutzen Sie die bestehenden Widersprüche, um herauszufinden, wie Sie die verschiedenen Kräfte am besten verteilen und gleichzeitig zum Einsatz bringen können. Ein positives Verhältnis zur Sexualität ist Ergebnis und Voraussetzung des Erfolgs in Ihren aktuellen Bemühungen.

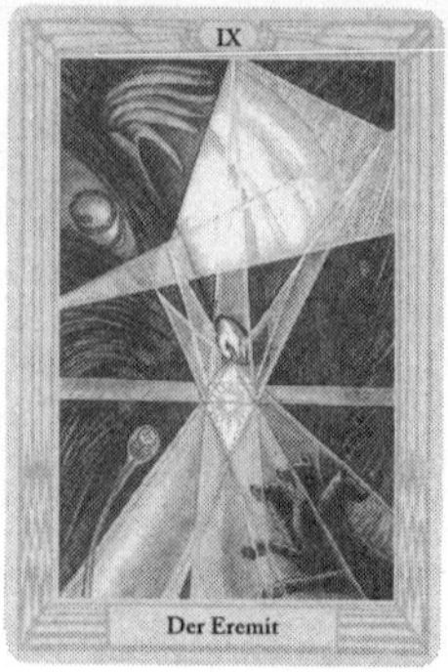

IX – Der Eremit

Der Samentropfen und das Weltenei im CROWLEY-Bild wie auch die sprossenden Halme im VOYAGER-Tarot weisen darauf hin, daß hier ein neues Leben entsteht. Jeder Mensch bringt etwas Neues in die Welt. Er besitzt in sich damit etwas Jungfräuliches. Mit jedem Menschen wird die Weltgeschichte nicht nur ein Stück weit fortgeschrieben; er sieht sich mehr oder weniger auch vor die Notwendigkeit gestellt, die «Weltgeschichte» in sich noch einmal zu wiederholen. Es geht dabei um persönliche Antworten auf die vorhandenen Probleme.

Die Karte auf das Thema Einsamkeit und Verlassenheit festzulegen wäre oberflächlich und einseitig. Wenn es an den eigenen Antworten auf die vorhandenen Probleme fehlt, wenn Ihre persönliche Besonderheit (das jungfräuliche Neue) eine entweder untergeordnete oder aber überbetonte Rolle spielt, dann finden Sie sich nicht zurecht. Man fühlt sich einsam und verlassen, man verläßt und wird verlassen. Wo es aber gelingt, Probleme wirklich zu lösen und nicht unter den Teppich zu kehren, da bereinigen Sie den Lebensbereich, auf den Sie Einfluß haben, und heilen ihn. Dies ist im übrigen eine der Bedeutungen des *weißen Bodens* im WAITE-Bild. Hier geht es um Reinheit und um *Unschuld* als Befreiung von Sünde, Schuld und Sühne.

Hier geht es auch nicht um manche Äußerlichkeiten, die sich mit dem Leben mancher historischer Eremiten verbinden, wie z. B. sich in Sack und Asche zu kleiden oder von Heuschrecken zu ernähren. Die Geschichte vieler wirklicher Eremiten zeigt, daß der Verzicht für sie nur vordergründig vorhanden war. In unterschiedlichen Worten findet man bei den historischen Eremiten immer wieder die Aussage und das Ziel, ein Leben «in der Gegenwart Gottes» zu führen. Dieses Ziel aber bedeutet in den verschiedenen Religionen jedesmal die Umschreibung eines höchsten Glückszustandes.

Tragen Sie Ihr Licht in die Welt und bringen Sie sie damit, soweit es Ihnen möglich ist, in Ordnung. Indem Sie die Erde heilen, ernten Sie die Früchte Ihrer Talente und vervollkommnen sich. «Die Unschuld», bemerkte Bertolt Brecht in einem anderen Zusammenhang, «die Unschuld ist nichts, was man verlieren, sondern eher etwas, was man *gewinnen* kann.»

X – Rad des Schicksals/Glück/Fülle

In den vorliegenden Bildern fehlt eine integrierende Bildfigur. Im WAITE-Tarot stellt es eine Besonderheit dar, wenn eine Karte einmal *keine* Person zeigt. Dies mag als Warnung zu verstehen sein, daß Sie sich im Studium diverser Lebens- und Schicksalsrätsel selber verlieren und abhanden kommen! Auf der anderen Seite liegt darin auch die Ermunterung, über sich hinauszuwachsen und über den eigenen «Tellerrand» hinauszuschauen.

Im CROWLEY-Tarot dagegen fehlen Bildfiguren mit menschlicher Gestalt und besonders mit menschlichen Gesichtern fast völlig. Das VOYAGER-Tarot hingegen weist zwar viele menschliche Bildfiguren auf; aber stets treten diese in einer Vielzahl auf und verkörpern damit sowohl Vielfalt als auch Verzettelung und Zersplitterung.

Die Frage nach den Personen und ihrem Erscheinen im Bild ist hier von zentraler Bedeutung. «Schicksal» ist ein anderes Wort für all die Kräfte des Lebens, die für Ihre Person zwar wichtig sind, sich aber Ihrem unmittelbaren Zugriff entziehen. Das «Schicksal» liegt nicht in Ihrer Macht, aber Sie können lernen, damit umzugehen. «Glück» ist ein *kreativer* Akt, eine Produktion, bei der Sie mit dem «Zufall» arbeiten. Bei dieser produktiven Arbeit kommt es zu einer Resonanz, einem Wechselverhältnis zwischen innerer Betroffenheit und äußerem Geschehen. Dieses macht die Person zur Persönlichkeit.

«Person» kommt aus dem Lateinischen und bedeutet soviel wie *durchtönen*. Ohne innere, persönliche Mitte bleiben auch die größten äußeren Zusammenhänge hohl und leer. Es gibt keinen Widerhall. Und ohne Kenntnis und Kompetenz in der Außenwelt bleiben selbst die schönsten Seelen und Innenwelten ohne äußere Wirkung und ohne Echo. Wenn aber die großen Zusammenhänge des Weltgeschehens im einzelnen Menschen Widerhall finden und – umgekehrt – wenn auch das Besondere eines Individuums auf vielerlei Ebenen in der Welt Resonanz findet, dann wird eine Person zur wohlklingenden, stimmigen Persönlichkeit. Das ist das «Forrest Gump»-Prinzip. Mehr können Sie für Ihr Glück nicht tun und mit weniger sollten Sie sich auch nicht zufriedengeben.

Je weiter Sie in der Kunst, mit Widersprüchen kreativ umzugehen, wachsen, desto mehr lernen Sie es auch, die Dinge so zu nehmen, wie sie sind, und – nicht dennoch, sondern gerade deshalb – dem persönlichen Willen zum Erfolg zu verhelfen. Die beiden Fähigkeiten, die Dinge des Lebens ohne Scheuklappen zu betrachten *und* herauszufinden, was Sie wirklich wollen, hängen auf eine besondere Art miteinander zusammen.

XI – Gerechtigkeit/Lust/Stärke

«Stärke» (VOYAGER-Tarot), «Lust» (CROWLEY-Tarot) und «Gerechtigkeit» (WAITE-Tarot) haben, trotz der scheinbar unterschiedlichen Themenstellungen, eines gemeinsam: Alle drei Karten handeln davon, Energien auf breiter Basis aufzunehmen und sie auf die Spitze zu treiben.

Im WAITE-Bild der «Gerechtigkeit» steht das reichliche Rot für Vitalität und Leidenschaft; Schwert und Waage, die Waffen des Geistes, sind dazu da, diese bewußt zuzuspitzen. Die Löwen- und Katzenfiguren im VOYAGER-Bild und das «Große Tier» im CROWLEY-Bild sprechen unmittelbar die Energien der Lust und der Sexualität an.

Dabei trägt die Sexualität ihre Zwecke in sich, ebenso ihre eigenen Werte, wie z. B. Kraft und Lust. Zugleich ist aber auch die Sexualität, und hier besonders der sexuelle Höhepunkt, ein Gleichnis, ein Beispiel dafür, wie wir in allen Fragen des Lebens möglichst alle beteiligten Energien des jeweiligen Augenblicks in einem Brennpunkt zusammenzufassen, einzusetzen und loszulassen vermögen.

Hier geht es um Grenzerfahrungen, die uns deutlich machen, was größer ist als wir. Nicht der einzelne Mensch, der scheinbar größer aussieht, ist damit angesprochen. Vielmehr die Lebenskraft, das Göttliche, das auch dann noch größer ist als wir, wenn wir uns selber optimal entfalten und wachsen.

«Was ist besser als ein Orgasmus?» fragte der selige Wolfgang Neuss, um zu antworten: «Immer einen haben.» Diese Lebenskraft kann Sie *tragen*: wenn Sie dafür bereit sind, *immer* (und dieses Motiv, daß die Lebenskraft uns trägt, wird u. a. im VOYAGER-Bild besonders offensichtlich). An den Grenzen Ihres persönlichen Wissens, Ihrer Urteilskraft, Ihrer Erfahrung usw. ist noch lange nicht Schluß!

Inhalt und Zweck der *Lust* ist: Die Sehnsucht des Lebens nach sich selbst! Die Erfüllung wichtiger Wünsche und die Aufhebung wesentlicher Ängste! Je weiter Sie auf diesem Weg gehen, desto mehr gelingt es Ihnen, sich dem Leben insgesamt anzuvertrauen.

Suchen Sie das Zentrum des Augenblicks. Im Moment als ganzer Mensch anwesend zu sein bedeutet, daß Sie alle Energien, die das Schicksal Ihnen bietet, und Ihr ganzes persönliches Geschick auf die Spitze treiben und damit und dort leben!

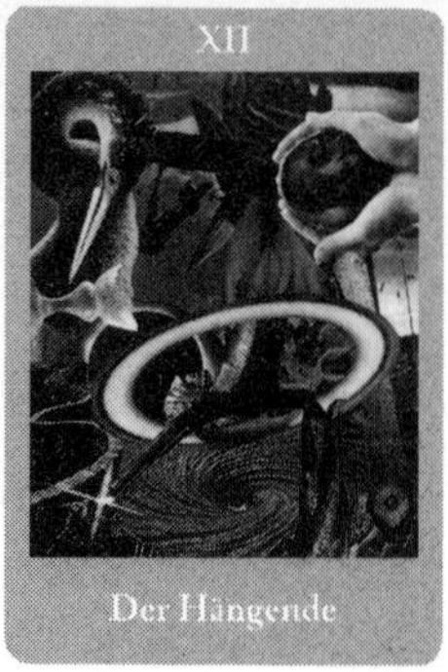

XII – Der Gehängte/Hängende

Auf den ersten Blick sieht die Haltung des «Gehängten» einigermaßen verrückt aus. Doch nehmen Sie dieses Verrücken einmal wörtlich …

«Du siehst die Welt mit neuen Augen. Auch das Gegenteil Deiner bisherigen und der üblichen Sicht ist wahr. Du erfährst eine neue Dimension, die auf den ersten Blick verrückt erscheint. Es ist ein Prozeß des Ganz- oder Heilwerdens. Du spürst Dich auf eine neue Art. Es ist eine intensivere, gesteigerte Bewußtheit, und Du blickst in eine alternative, umfassende Wirklichkeit.» (E. Bürger/J. Fiebig, *Tarot-Spiegel Deiner Möglichkeiten*)

Nicht eine Situation der Passivität oder der Schwäche, vielmehr eine des bestimmten Glaubens und der Passion, der gelebten Leidenschaft, ist hier angezeigt. Eine Passionsgeschichte ist zum einen eine *Leidensgeschichte*, und auch diese kann sich in dem Bild darstellen. Dann warnt Sie die Karte davor, daß Sie sich allzusehr hängenlassen. Andererseits stellt die dargestellte Situation eine Glaubens- und Gewissensprüfung dar. Die Tragfähigkeit und die Ausdauer darin werden überprüft.

Neben all dem ist die Karte aber auch das Sinnbild einer großen Leidenschaft. Wenn Sie sich mit Ihrer ganzen Existenz dem anvertrauen können, woran Sie wirklich hängen, dann stellt sich in gewisser Weise das «Höchste der Gefühle» dar. Und nicht weniger symbolisiert der «Gehängte» in seiner positivsten Bedeutung.

Prüfen Sie also genau, woran Sie sich binden. Wenn die Prüfung aber abgeschlossen ist, zögern Sie nicht länger. Zeigen Sie dann Mut zum Risiko und vertrauen Sie sich Ihrem Glauben an. Damit ist übrigens der religiöse Glaube angesprochen, aber der Glaube an einen Partner, an eine Aufgabe oder Lebensperspektive ebenso! Prüfen Sie Ihr Engagement und die Wahrhaftigkeit – bei Ihnen und allen Beteiligten. Legen Sie sich fest, übernehmen Sie Verantwortung – und lassen Sie geschehen, was geschieht.

Nutzen Sie Ihre aktuellen Fragen, um Ihre Glaubenssätze zu prüfen. Versuchen Sie auch einmal, die gegenteilige Position einzunehmen oder zu verstehen. Spielen Sie nicht den Märtyrer und lassen Sie es nicht zu, daß Leid verherrlicht wird. Bauen Sie auf die himmlische Perspektive. Machen Sie Ihren Frieden mit «Gott».

XIII – Tod

Die Karte symbolisiert, daß etwas zu Ende geht. Etliche Kommentare betonen zum Thema Tod vor allem die Aufgabe des Loslassens. Doch dies allein ist nicht richtig und bleibt zu einseitig.

Das CROWLEY-Bild stellt den Tod als Sensenmann dar, wie wir ihn auch aus dem Märchen und der Volkskunst kennen. Aufgabe des Sensenmannes ist es aber nicht nur, zu zerstören oder loszulassen. Beruf und Aufgabe des Schnitters ist es vielmehr zu *ernten*. Denselben Gedanken der Ernte zeigt das WAITE-Bild in Gestalt der Erntekrone, die der schwarze Reiter in seiner Standarte trägt.

Die Karte aus dem VOYAGER-Tarot zeigt sehr deutlich, daß auch die «dunklen Stunden» ihr eigenes Licht und ihre eigene Weisheit besitzen. Ausgerechnet die Karte des «Tod» macht in schöner Weise klar, daß es weder darum geht, den Tod zu verdrängen, noch darum, sich ihm auszuliefern. Darüber steht vielmehr die Berufung zur persönlichen Freiheit und zur Fruchtbarkeit eines gewollten und geliebten Lebens, das sich im doppelten Sinne des Wortes seiner Einmaligkeit bewußt ist: «Und solang du das nicht hast/Dieses: Stirb und werde/Bist du nur ein trüber Gast/Auf der dunklen Erde.» (J.W. v. Goethe)

Man kann tot sein, lange bevor man stirbt. Und man kann leben, lange nachdem man gestorben ist!

Manchmal bedeutet die Karte auch, daß man sich von Gewalt oder Zerstörung übermächtig fasziniert oder bedroht fühlt. Die Karte beinhaltet «positive Aggressionen», die Kraft, notwendige und einschneidende Veränderungen selber vorzunehmen. Ihre aggressiven Impulse werden erst dann gefährlich, wenn Sie sie zu leugnen versuchen. Sie können lernen, Ihre Kraft und Ihre Macht nicht gegen andere, sondern *für sich* einzusetzen.

Trennen Sie sich von dem, was überholt oder verloren ist. Akzeptieren Sie die notwendige Trauer und alle Gefühle, die damit verbunden sind. Stellen Sie fest, was jetzt zur Ernte reif ist und wo Sie umgekehrt Platz schaffen sollten für eine neue Aussaat.

XIV – Mäßigkeit/Kunst

Die «Mäßigkeit» zählte im Altertum neben Gerechtigkeit, Tapferkeit und Klugheit zu den vier Kardinaltugenden. Auch hier, für die vorliegende Karte, soll die «Mäßigkeit» nicht als Sparsamkeit oder (schlechte) Durchschnittlichkeit mißverstanden werden. Es geht hier tatsächlich um Kunst – um die Lebenskunst und ein persönliches Maß der Dinge: Sie studieren die Dinge in ihrer Verhältnis-Mäßigkeit und gestalten sie nach geeigneter Zweck-Mäßigkeit.

Hier geht es darum, Widersprüche in ein richtiges Maß zu setzen. Widersprüche wie z. B. der zwischen Wunsch und Wirklichkeit oder zwischen innerer Einsicht und äußerer Wahrnehmung. Daraus entsteht eine kunstvolle, produktive Spannung, in die viel Energie eingebracht und verarbeitet werden kann. Dies bedeutet eine gesteigerte Lebensintensität und eine erhöhte Einsicht in die Natur der Dinge. Anzeichen dafür sind das dritte Auge (im WAITE-Bild), der geflügelte oder geschmückte Scheitelpunkt am Kopf der Bildfigur (CROWLEY-Tarot) und der Regenbogen zwischen Himmel und Erde, Theorie und Praxis (im VOYAGER-Bild).

Die Karte warnt in den verschiedenen Bildern auch sehr eindringlich vor der Gefahr einer Bewußtseinsspaltung. Dies drückt sich z. B. im CROWLEY-Bild in Gestalt des Doppelgesichtes bzw. des doppelten Kopfes aus. Damit wird auf die Gefahr der Spaltung insbesondere zwischen dem Bewußten und Unbewußten hingewiesen – eine Spaltung, bei der «die linke Hand nicht weiß, was die rechte tut».

Entscheidend ist es also hier, Widersprüche zu erkennen und zu bearbeiten. Die Tatsachen sollen weder ignoriert noch verfälscht oder geleugnet werden. *Tat-Sachen* lassen sich durch neue Taten ändern, denn sie sind eine Sache der Tat!

Bauen Sie jetzt auf die Kreativität. Suchen Sie nach dem richtigen Maß in der Antwort auf Ihre aktuellen Fragen. Bringen Sie die verschiedenen Bereiche – Personen, Aufgaben, Interessen usw. – Ihres Lebens in ein glückliches Verhältnis. Nehmen Sie die Widersprüche Ihres Lebens selber in die Hand. Sie können jetzt *mehr* daraus machen.

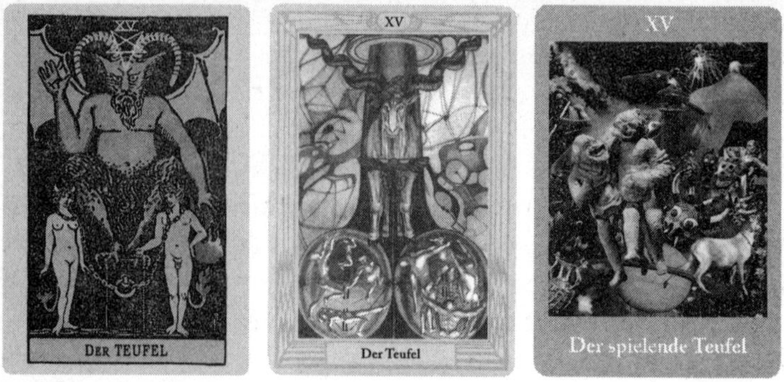

XV – Der Teufel/Der spielende Teufel

Viele fürchten ihn, manche verehren ihn: Bis in die heutige Zeit scheiden sich am «Teufel» die Geister. Viel sinnvoller aber ist es, am «Teufel» genau zu unterscheiden, *was* daran positiv und *was* daran negativ ist.

Der «Teufel» gleicht auf der einen Seite einem Vampir. Er ist ein Teil der eigenen Natur, der einem das Leben schwermacht. Das ist ein innerer Plage- und Quälgeist, eine wirkliche Last und Belästigung. Diese Seite des Teufels fürchten wir zu Recht. Wir sollten sie nur deshalb kennenlernen, um sie loszuwerden. Auf der einen Seite verkörpert der «Teufel» aber eine Art Kellerkind! Er stellt einen Teil der eigenen Natur dar, den wir bisher stiefmütterlich oder stiefväterlich behandelt haben, der deshalb so ungestaltet ist, weil wir ihn allein gelassen, unbeachtet oder sogar mißachtet haben.

Die gehörnten Menschen im WAITE-Tarot genauso wie das Penis-Symbol im CROWLEY-Bild betonen die *Sexualität*. Tatsächlich stellt der «Teufel» jedoch eine besondere Herausforderung für die *Liebe* dar.

Wenn viele Tarot-Bücher bis heute Sexualität und Leidenschaft vorwiegend dem «Teufel» zuordnen, so geben sie damit nichts als ein altes, überholtes Vorurteil wieder. Sexualität gehört zum Beispiel auch zu den Karten «Die Liebenden» oder «Kraft/Lust». Tatsächlich geht es darum, daß wir uns hier der noch *ungestalteten Natur* annehmen.

Lassen Sie sich nicht ins Bockshorn jagen. Hier haben Sie vielmehr die Chance, sich ein paar alte «Hörner» abzustoßen. In Ihren aktuellen Fragen dürfen Sie sicherlich auf manche Überraschung gefaßt sein. Die Karte bedeutet eine Konfrontation mit *unbekannten Aspekten* des Lebens. Vielleicht macht sich auch der «Teufel im Detail» bemerkbar. Möglicherweise werden Sie auch mit Tabubereichen konfrontiert. Nutzen Sie diese Situation als eine besondere, günstige Gelegenheit, um Sorgen loszuwerden und Wünsche zu erfüllen – Wünsche und Ängste aufzuheben, bei denen Sie bisher im dunkeln tappten. Nutzen Sie diese Chance – mit Geduld, kritischem Geist und viel Liebe!

XVI – Der Turm

Der Blitz (im WAITE-Bild), das Auge Gottes (im CROWLEY-Tarot) und die starke Sonne (im VOYAGER-Bild) symbolisieren u. a. die höchsten und unmittelbaren Energien. Wenn mit großer Macht Energien auf uns wirken, die gegen uns gerichtet sind, dann ist dies eine Situation der Gewalt. Fänden wir aber eine angenehme Situation mit hoher und unmittelbarer Energieübertragung, so ist dies eine Situation der Liebe.

Es sind zwei bestimmte Archetypen, die die Bedeutung dieser Karte bestimmen: Der Turmbau zu Babel und das Pfingstereignis. Der Turmbau zu Babel führt nicht nur zur Zerstörung des Turms, sondern auch zur «Babylonischen Sprachverwirrung»: Die Menschen verstehen einander nicht mehr. Das Pfingstereignis stellt gerade umgekehrt die Aufhebung der Sprach- und Verständigungsgrenzen dar.

Gewalt einerseits und Liebe andererseits sind die in sich völlig gegensätzlichen Pole im Umgang mit besonders großen, «extremen» Energiemengen. Die Liebe fördert unsere Stärke, damit umzugehen, und sie schützt uns auch am besten gegen jede unerwünschte und gewaltsame Härte.

Das CROWLEY-Bild gibt hier ein Motiv wieder, das insgesamt wie eine Überschrift für das VOYAGER-Tarot gelten könnte: Das Motiv des zerbrochenen Spiegels! Wie jedes Bildsymbol besitzt auch der zerbrochene Spiegel eine Doppelbedeutung.

Auf der einen Seite stellt dieses Symbol als Warnsignal den Hinweis auf einen drohenden «seelischen Konflikt» oder eine gefährdete Identität dar. Als Ermunterung stellt dasselbe Symbol jedoch klar, daß es darum geht, *unmittelbar* den Dingen ins Auge zu schauen. Ein Spiegelbild gilt in der Symbolik immer noch als ein Inbegriff des Scheins, das heißt der Oberfläche und der Illusion. Im guten Sinne bedeutet der zerstörte Spiegel in etwa das gleiche, wie eine Maske abzunehmen oder hinter einer Kulisse hervorzutreten.

Die Karte warnt vor Überheblichkeit und Größenwahn. Sie stellt aber auch den vergeblichen Versuch dar, sich zu verstecken. Es kann jetzt zu Erschütterungen kommen, doch es handelt sich um einen Vorgang, bei dem Sie Ihre Ein- und Vor-Wände, Ihren Elfenbeinturm dann aufgeben, wenn die Zeit dafür reif ist!

XVII – Der Stern

«Jedes Leben steht unter seinem eigenen Stern.» (Hermann Hesse) Die größte Mühe besteht zunächst darin, den eigenen Stern zu erkennen. Das ist wie in der Astronomie: Wenn ein neuer Stern ausfindig gemacht wird, lassen sich häufig im nachhinein Fotos feststellen, auf denen dieser «neue» Stern schon zu erkennen war – allerdings ohne daß jemand von ihm Notiz genommen hätte. Um den bereits vorhandenen Stern zu entdecken, müssen also vertraute Zusammenhänge auf eine neue Art und Weise gesehen werden. Und genau darum geht es auch in Ihren Tagesfragen.

Manchmal warnt die Karte jedoch vor einer unangebrachten Schamlosigkeit oder Bloßstellung.

Der Fuß der Sternenfrau, der im Waite-Bild *auf* dem Wasser ruht, hat zwei höchst gegensätzliche Bedeutungen. Er warnt vor einer *Vereisung* der Gefühle: «In meinem Film bin ich der Star/ich komm auch nur alleine klar/Panzerschrank aus Diamant/Kombination unbekannt.» (Lied der Gruppe *Ideal* mit dem Titel «Eiszeit»)

Auf der anderen Seite zeigt dasselbe Symbol, der Fuß

auf dem Wasser, die *Tragfähigkeit der Seele*. Das Wasser trägt den Fuß, weil Sie sich mit den Gefühlen auseinandergesetzt haben, weil «es» in Ihnen fließt.

Als Licht in der Nacht verkörpert der «Stern» unsere Hoffnungen. Er ist ein Inbegriff unserer Wünsche, aber auch unserer Wunschträume, denen es an Bodenständigkeit fehlt. Die Karte kann sogar für eine Ablehnung des Normalen und für eine übertriebene Suche nach Sensationen und glitzernden Besonderheiten stehen, wie sie sich in vielen Formen des Star- und des Fan-Kultes in vielen Lebensbereichen darstellt.

Arbeiten Sie mit Ihren Träumen und Visionen! Tauen Sie vereiste Gefühle auf. Hoffnungen und Ängste können aufgehoben werden, wie es die Sternenfrau mit den beiden Krügen (WAITE- und CROWLEY-Bilder) demonstriert. Fruchtbare Träume wollen verwirklicht und furchtbare Träume verarbeitet werden. Gehen Sie dabei den Dingen auf den Grund und finden Sie die ganze Wahrheit. Stellen Sie Ihr Licht nicht unter den Scheffel und billigen Sie das gleiche allen anderen zu.

XVIII – Der Mond

Der «Mond» steht für das *kollektive* Unbewußte. Er ruft verborgene Regungen ans Licht, wie den Krebs, uralte Gefühle und Instinkte (WAITE-Bild), und den Skarabäus, den Mistkäfer, der gleichzeitig Glück symbolisiert, weil er die Sonne aus großer Tiefe wiederbringt (CROWLEY- und VOYAGER-Bild).

Die Chance der Karte ist eine besondere Gnade: Die Erlösung des vormals Verdrängten! Tiefen und Höhen nehmen Gestalt an und werden im Alltag aufgehoben.

Der Krebs steht für die tiefen, besonders alten und schwer zugänglichen Seiten der Person. Die verschiedenen Hund- bzw. Wolf-Gestalten stehen für die tierischen Seiten und Instinkte. Die Türme (im WAITE- und CROWLEY-Bild) stellen Gewissens- und Kontrollinstanzen dar, der doppelte Statuenkopf (im VOYAGER-Bild) signalisiert uralte Erinnerungen und scheinbar längst vergessene Eindrücke. All dies bekommt nun einen Platz im Tagesgeschehen und ruft nach Auseinandersetzung.

Wie in einer Vollmondnacht kann es beunruhigend und aufwühlend sein, wenn Höhen und Tiefen, die sonst eher im verborgenen schlummern, auf einmal lebendig werden. Es kommt daher darauf an, daß Sie sich mit diesen größeren Dimensionen auseinandersetzen. Wenn Sie lernen, Ihre gewohnte Selbst-Verständlichkeit um dieses große Unbekannte zu erweitern, wird Ihre Existenz zugleich verwandelt und vergoldet, wie es (nicht nur) die Goldtropfen im WAITE-Bild darstellen.

Nehmen Sie auch die «großen Gefühle» als eine Realität, die gelebt sein will, wie alle anderen Aspekte der Wirklichkeit auch. Die «großen Gefühle» betreffen Gefühle und Träume, die so weitreichend sind, daß sie sich auf die gesamte Lebensspanne beziehen. Bei diesen Gefühlen und Träumen stecken Sie immer *mittendrin*. Diese großen Gefühle können Sie weder vermeiden noch kontrollieren. Lernen Sie, darin zu *schwimmen*.

Sorgen Sie für einen bewußten Umgang mit dem Unbewußten. Finden Sie die richtige Einstellung auch zu dem, was nicht mehr kalkulierbar und verstandesmäßig faßbar ist. Nehmen Sie Wünsche und Ängste (noch) ernster und fangen Sie etwas damit an.

XIX – Die Sonne

Dem oberflächlichen Verständnis stellt sich diese Karte schlicht als Heiterkeit, sonniges Gemüt oder «Rückkehr zur Einfachheit» dar. Allein schon die Ziffer XIX, diese fortgeschrittene Station innerhalb der Reihe der großen Arkana, weist jedoch darauf hin, daß es hier um einen besonderen Reifezustand geht. Die Karte handelt von dem überaus spannenden Thema, wie Sie so erwachsen werden und reifen können, daß Sie wieder zum Kind werden.

Während die «erste Geburt» die Existenz eines Menschen in dieser Welt eröffnet, bedeutet die «zweite Geburt» eine selbstgewählte Existenzgründung! Die zweite Geburt ist die erste, die Sie selber vollbringen! An die Stelle eines herkömmlichen Verhaltens und Denkens tritt ein selbsterprobter Lebensstil. Wahlverwandtschaft ersetzt Blutsverwandtschaft (wobei man natürlich auch die alten als die neuen Verwandten bestätigen kann). Wille und Erfahrung bestimmen die großen und die kleinen Dinge des Lebens anstelle von Gewohnheit und Wiederholung.

Als Erwachsener wieder Kind zu werden heißt auch, aus der Mitte zu leben. Die «Lebensmitte» ist nämlich nicht nur eine Altersangabe! Sie bezieht sich vielmehr auch auf die *Mitte der Lebendigkeit*, auf einen Energiezustand, worin die allseitige Entwicklung eines Menschen möglich ist. Diese Lebensmitte ist selbstverständlich völlig unabhängig vom Alter. Die «Sonne» symbolisiert eine tägliche Erneuerung und Erholung.

Vertrauen Sie sich dem Strom und der Kraft der Lebensenergie in Ihnen und um Sie herum an. Stellen Sie sich jetzt darauf ein, daß Sie besonders starke Kräfte brauchen, aber auch vorfinden werden.

XX – Gericht/Das Aeon/ Raum und Zeit

Der «Jüngste Tag» ist heute. Hier tut sich alles auf: Die «Beziehungskisten»; Probleme oder neue Möglichkeiten, mit denen Sie schon lange «schwanger» gingen; Bereiche, die Sie bisher wie ein «Blaubartszimmer» noch nicht berührt haben.

In der christlichen Tradition wurde das Jüngste Gericht auf der einen Seite als «dies irae», als Tag des Zorns und der Abrechnung dargestellt; auf der anderen Seite jedoch als Anbruch des «ewigen Lebens» und des neuen Paradieses. Entsprechend der unterschiedlichen Überlieferungen finden sich in der Tarot-Literatur entweder eher warnende oder eher optimistische Kommentare zu dieser Karte. Tatsächlich zeigen die Bilder eine *Wiedergeburt*.

Vielen Menschen in der westlichen Welt erscheint heute «Wiedergeburt» (Reinkarnation) als eine verheißungsvolle Lösung. In der östlichen Philosophie jedoch, aus der der Reinkarnations-Gedanke stammt, erscheint die Wiedergeburt eher als ein Fluch – als eine Last, die es aufzuheben gilt.

Wesentliche Wünsche und Ängste, Schuldzuweisungen

oder Selbstvorwürfe müssen hier immer wieder durchgespielt und durchgearbeitet werden, bis der Keller der Vergangenheit und das Firmament der Zukunft geklärt und gereinigt sind. Erst dann bedeutet Wiedergeburt die Entdeckung einer neuen Lebensqualität, eine Transformation der alten. Ohne dieses «Erinnern, Wiederholen und Durcharbeiten» (Sigmund Freud) bedeutet Wiedergeburt vor allem Wiederholung, und der jüngste Tag (heute!) sieht morgen schon alt aus, weil er von gestern ist.

Wenn Sie einen Strich unter Vergangenes ziehen können, fühlen Sie sich wie neugeboren. So können Sie immer wieder zu einem neuen Leben *in* diesem Leben aufstehen. Die Karte kann Sie auch auffordern, sich erneut mit Menschen und Ereignissen auseinanderzusetzen, die scheinbar schon «gestorben» waren. Was irgendwann in eine dunkle Kiste weggepackt worden war, kommt wieder zum Vorschein und zeigt sich vielleicht in einem neuen Licht. Sie können und müssen den Teil der Auseinandersetzung, der noch aussteht, nachholen.

Lernen Sie jetzt auch ungewohnte menschliche Verhaltensweisen kennen und verstehen. Strecken Sie die Arme aus, um sich zu verabschieden oder um sich zu versöhnen. Üben Sie zu verzeihen, ohne zu vergessen. Jeder Tag ist Abschied und Neuanfang. Wenn Sie jeden Tag als Geschenk nehmen können, schöpfen Sie täglich neues Vertrauen und neue Bereitschaft für dieses Ihr persönliches Leben.

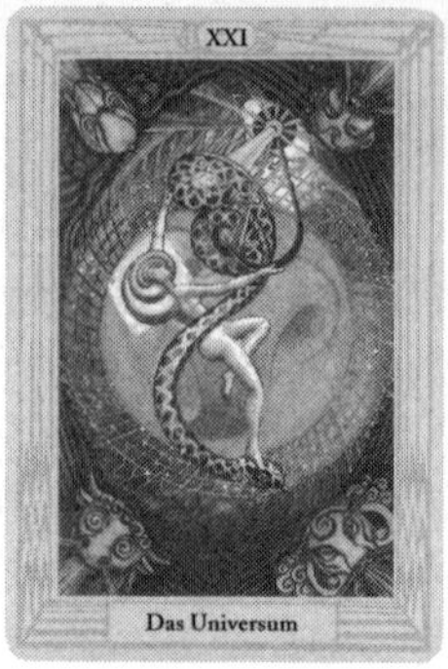

XXI – Die Welt/Das Universum

Diese Karte ist von der Numerierung her das höchste der 22 «Großen Geheimnisse» des Tarot. Es mag naheliegen zu vermuten, diese Karte bedeute daher Sieg und Vollendung, weil sich in ihr das Ziel der Reise durch alle vorausgehenden Stationen darstelle. Eine solche Deutung dieser Karte ist vielleicht naheliegend, entspringt jedoch zunächst einem Wunschdenken («Ende gut – alles gut»).

Mehr noch als eine krönende Vollendung zeigt das Bild eine Situation der Geborgenheit, eine rundum erlebte *Heimat* in dieser Welt. Dennoch darf nicht übersehen werden, daß diese Karte auch eine *Gefangenschaft* darstellen kann. Wie eine Fliege im Bernstein oder wie ein Hamster im Laufrad (vgl. besonders das CROWLEY-Bild), so kann die Tänzerin in ihrem Kreis gefangen sein. So stellt diese Karte *auch* eine gefährdete Lebenssituation dar, in der ein Mensch im Rahmen des Umgebenden und Bestehenden einzugehen droht und wo vor allem eines hilft: möglichst gründlich aus dem Rahmen zu fallen!

Zweck der Übung ist es, die eigene Zeit, das persönliche Maß und das richtige Gewicht im Rahmen des großen kosmischen Geschehens zu verankern und mit diesem in Einklang zu bringen. Indem Sie sich mit den vier Elementen (dargestellt in den Kartenecken des WAITE- und des CROWLEY-Decks) und den «Ecken und Enden» der Welt (VOYAGER-Tarot) auseinandersetzen, finden Sie Ihren Stellenwert, Ihre Bedeutung in einem größeren Zusammenhang. Die richtigen Lebensaufgaben stellen sich dabei als Zusammenfassung der unterschiedlichen Ebenen und Bereiche Ihrer Erfahrung dar.

Die richtigen Lebensaufgaben zu finden ist ein großes Glück. Denn diese sind groß genug, daß Sie all Ihre Kräfte ein Leben lang dafür einsetzen können. Zugleich stellen die richtigen Lebensaufgaben auch die Antwort auf die Frage dar, was für Sie persönlich wirklich wesentlich und wichtig ist.

Bleiben Sie in Bewegung und achten Sie auf die Bewegung, den Rhythmus, der in jedem Augenblick und in jeder Begebenheit enthalten ist. Befreien Sie sich aus sinnlosen Abhängigkeiten und aus unbegründeten Vorschriften. Im Bewußtsein der eigenen Grenzen zu leben bedeutet nicht, auf die eigene Rolle oder die eigene Bedeutung in der Welt zu verzichten – im Gegenteil. Die Gewißheit, daß alles seine Zeit, seine Grenzen und sein Maß hat, erleichtert Ihnen, daß Sie die Zeichen der Zeit für sich erkennen und nun selber Zeichen setzen!

0/XXII – Der Narr/Narr und Kind

Der «Narr» führt Sie zurück und führt Sie vorwärts an die Stelle des Ursprungs: «Alles ist möglich», alles ist im Werden, wie es der kleine Embryo im VOYAGER-Tarot zeigt.

Diese Karte markiert einen *Nullpunkt*. Einen Punkt des Anfangs und/oder einen Punkt der Vollendung!

Die Null warnt aber auch: Sie warnt vor einem Nichts, vor einem Leben nach der Devise: «Außer Spesen nichts gewesen!»

Zu guter Letzt steht der «Narr» für einen Zustand, in dem Sie *wunschlos glücklich* sind.

Doch Vorsicht: Von diesem Zustand gibt es zwei völlig unterschiedliche Versionen. «Wunschlos glücklich» ist der-/diejenige, der bzw. die die eigenen Wünsche nicht kennt. Eine völlig andere Art der Wunschlosigkeit ist die, die aus der Erfüllung wichtiger Wünsche und aus der Aufhebung plagender Ängste entsteht. Sich darum zu kümmern wird nun Ihre Tagesaufgabe.

Suchen Sie und bewahren Sie den Kontakt zu Ihrer inneren Mitte. Flüchten Sie nicht in Naivität, in Wahnvorstellungen oder innere Abwesenheit. Schenken Sie jemandem Ihre Liebe und lassen Sie andere an sich heran.

Üben Sie, Vergangenheit und Zukunft zu verarbeiten, so daß Sie immer stärker im *Augenblick* anwesend sind.

Bauen Sie auf Ihre Originalität und verwirklichen Sie Ihre persönliche Unabhängigkeit. Nehmen Sie Ihre persönliche Freiheit in Besitz. Als «Narr» sind Sie frei für Experimente und frei, daraus zu lernen. Frei, Antworten nicht zu kennen oder Ihre Position zu verändern. So finden Sie auf die «Höhe der Zeit» und bleiben dort, auf dem Gipfel Ihrer Möglichkeiten.

Die Arkana der Stäbe

Die Stäbe vertreten das Element Feuer. Hier geht es um Triebe und Taten. Der *Wille* ist der Schlüsselbegriff. Denn wie im Feuer Edelmetall geläutert und Schlacken abgestoßen und verbrannt werden, so bewirkt das Lebensfeuer, das in uns brennt, eine Läuterung des Willens.

Wenn Holz brennt, befinden sich die Flammen in steter Bewegung. Das Feuer in Ihnen ist Ausdruck Ihrer Lebendigkeit. Und so ist eine erste praktische Bedeutung, wenn Sie eine Stab-Karte ziehen, diese: *Es muß etwas geschehen!* Die Antwort auf eine gesuchte Frage erhalten Sie bei einer Stab-Karte, wenn Sie etwas *tun*, sich selbst und andere in Bewegung setzen oder in Bewegung bringen lassen.

Dieses Moment der Bewegung lassen die Stäbe im CROWLEY-Tarot oftmals unmittelbar im Bild erkennen. Blitzende, züngelnde und emporschlagende Flammen bringen die Dynamik des Feuers zum Ausdruck.

Das VOYAGER-Tarot bevorzugt Blumen, Blitze, Kerzen, verschiedene Feuer und die Sonne, um dieses Element zu kennzeichnen.

Das WAITE-Tarot zeigt die Stäbe stets mit sprossenden Trieben. Diese machen den Inhalt, die Motive des Feuers, sehr offenkundig: Sie verdeutlichen Triebkraft und Wachstum als Hauptinhalte des Feuers. Die Pflanzentriebe stehen dabei stets auch für die menschlichen, die persönlichen Triebe. Auch wenn die Stäbe nur als nacktes Holz, ohne zusätzliches Grün, gezeichnet werden – wie in den meisten älteren Tarot-Sorten –, symbolisieren sie Trieb- und Wachstumskräfte. Assoziationen zu den Stäben: Das Holz, das dem Feuer Nahrung gibt. Phallus-Symbol, Hexenbesen, Sprößling (auch Kind), Wurzel (auch: Vorfahre). Lebensenergie, Energieverbrauch, Feuerwerk, Fegefeuer. Das männliche Erbe, Sonne.

Königin/Frau der Stäbe

Eigen-Wille. Sie ist wie ein Tiger und wie ein Kätzchen: Die Königin der Stäbe genießt das Spiel, das Balgen und Jagen.

Der Stab ist ein Phallus-Symbol und auch ein Hexenbesen. Ein Bild für den Umgang mit diesen Kräften bietet das Motiv der schwarzen Katze. Der gefleckte Leopard im CROWLEY-Bild stellt das gleiche Motiv dar. Diese Wildkatzen symbolisieren Eigenwilligkeit, ungestüme Lebens- und Sexualkraft, sogar Überwindung des Todes und der Todesfurcht, aber auch eine gewisse Aggressivität und eine «gerissene» Heimtücke.

Legenden erzählen von der nächtlichen Verwandlung der Hexen in schwarze Katzen und ihren orgiastischen Festen. Während die schwarze Katze Aberglauben sowie den berühmten «Teufel im Detail» symbolisiert, bringt die große Raubkatze besonders die Künste der Jagd mit ins Spiel.

Hören Sie auf, dem Glück nachzujagen, und nehmen Sie die Dinge, wie sie sind, einschließlich Ihrer Bedürfnisse, Vorlieben und Abneigungen.

König/Prinz/Mann der Stäbe

Feuerprobe. Vom Salamander (klein im WAITE-Bild) heißt es, er könne durch das Feuer gehen, ohne darin umzukommen. Der Salamander steht stellvertretend für die ganze Natur des Königs der Stäbe, dieser Majestät des Feuers. Es geht um die Meisterung des Feuers, um die Souveränität im Umgang mit Trieben und Motiven, Macht und Willen. Dies drückt sich im VOYAGER-Bild in Adler, Hirsch und weiteren Symbolen aus.

Auch Sie können Feuerproben aushalten und gestalten. Mehr noch: Sie brauchen sie sogar. Denn nur im Feuer können Ballaststoffe verbrennen; die Schlacke setzt sich ab und das Edle tritt hervor. Ihre Kräfte verschmelzen zu einem Ganzen. Und erst wenn Sie Feuerproben grundsätzlich bejahen, vermögen Sie auch eine Grenze zu ziehen und sich vor ungesundem Streß effektiv zu schützen.

Nehmen Sie also die Aufgaben, die Herausforderungen oder die Notwendigkeiten, die vor Ihnen liegen, an. Gehen Sie für das, was Ihnen am Herzen liegt, durchs Feuer.

Ritter/Weiser der Stäbe

Lebensreise. «Sie werden eine große Reise machen», erklärten die Wahrsager/innen üblicherweise bei dieser Karte. Im übertragenen Sinne ist diese Aussage nicht völlig falsch, wenn man nämlich den *Lebensweg* als große Reise versteht.

Sie verfügen über enorme Kräfte, ausdauernde Energien und weitreichende Ziele. Machen Sie etwas daraus! Gestalten Sie Ihre aktuellen Interessen, Aufgaben und schließlich auch Ihren Lebensweg insgesamt zu einem großen Spannungsbogen.

Sie haben die Kraft, für Ihre Ziele durchs Feuer zu gehen und auch eine Durststrecke zu überwinden. Verlieren Sie sich nicht in Wüstheit und spielen Sie nicht den Wüstling! Vielmehr geht es darum, daß Sie Ihre großen Träume und Ihre großen Ziele jetzt auf den Weg bringen. Dann wird Sie Ihr Feuer nicht nur antreiben, sondern auch läutern. Die Symbolik der Pyramiden im Waite-Bild und des geflügelten Pferds im Crowley-Bild: Je tiefer Sie nach innen gehen, desto mehr können Sie nach außen gehen und über sich hinauswachsen!

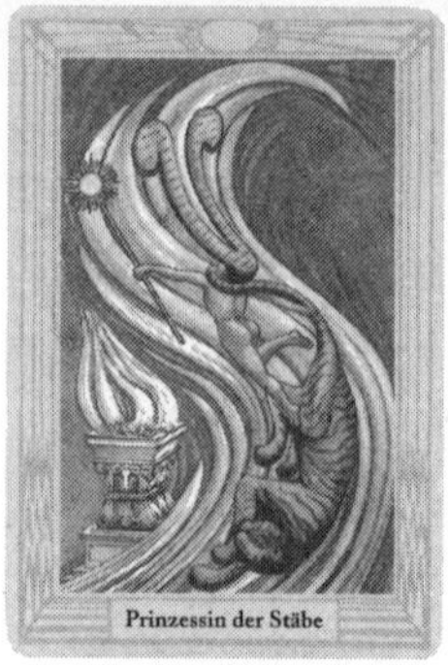

Bube/Page/Prinzessin/Kind der Stäbe

Frühlingsgefühle. Gleichgültig, ob Sie an gezählten Jahren jung oder alt sind, hier erfahren Sie neue Angebote, neue Herausforderungen, Chancen, Bewährungsproben und Bestätigungen für Ihren Willen und Ihre Lebendigkeit.

Lassen Sie sich auf das Spiel ein. Lassen Sie sich berühren von neuen Menschen, neuen Ideen und neuen Wegen im Alltag. Folgen Sie ihnen, tun Sie, was Ihnen guttut. Wenn Sie eine «neue Flamme» entdecken, dann machen Sie sich auch für gute Erfahrungen bereit. Was sich jetzt neu entwickelt, dürfen Sie nicht unbedingt an Ihren bisherigen Erfahrungen messen.

In mancher Hinsicht geht es jetzt in ein Neuland. Ein spielerischer Ernst hilft Ihnen jetzt am ehesten weiter. Vermeiden Sie Oberflächlichkeiten und unnötige Dramatisierungen. Haben Sie ein waches Auge für Ihre Wünsche und die Gunst der Stunde – und greifen Sie zu.

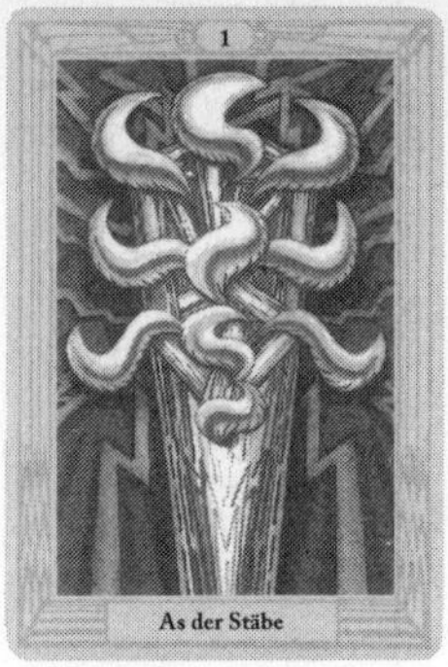

As der Stäbe

Die Essenz, die Wurzel und die ganze Kraft des Feuers. Nehmen Sie es als ein Geschenk des Lebens, daß Ihnen Ihr Feuer und Ihre Lebendigkeit hier wieder einmal neu geschenkt werden. Prüfen Sie Ihr Feuer, nutzen Sie es und nehmen Sie es nun selbst ganz in die Hand. Als Phallus-Symbol sowie als Hexenbesen steht der Stab für unsere Sexualität, aber auch für unsere Selbstbehauptungskräfte, für den Willen zu uns selbst und für die wunderbare Fähigkeit, immer wieder über uns hinauszuwachsen, neue Erfolge hervorzubringen und neue Wege einzuschlagen.

Zu den Trieben gehören «Grundtriebe» wie Selbsterhaltung und Fortpflanzung, aber auch «Kulturtriebe» wie im besonderen Liebe und Aggression. Wenn Sie den Stab nun neu in die Hand nehmen, so ist damit die Chance verbunden, für Liebe und (positive) Aggressionen neue schöpferische Möglichkeiten zu entdecken, um sich gegen unerwünschte Aspekte der Liebe und gegen (negative) Aggressionen besser zu schützen.

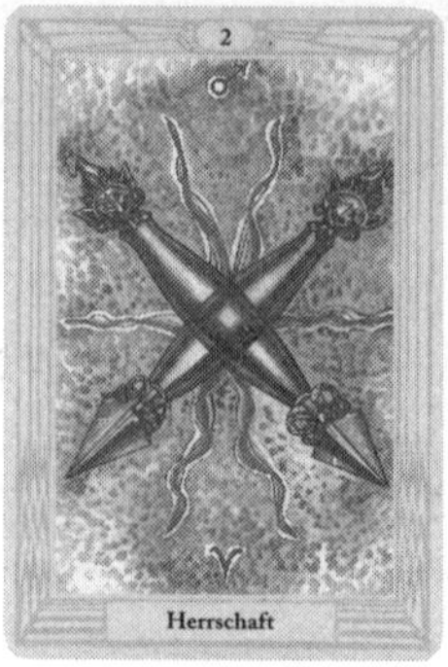

Zwei Stäbe

Zeiten des Anfangs – Zeiten der Herrschaft. Sie spüren die Lust und die Last des Aufbruchs und des Anfangs. «Aller Anfang ist schwer.» Und doch, «jedem Anfang wohnt ein Zauber inne, der uns beschützt und der uns hilft zu leben» (Hermann Hesse). Erfahren Sie jetzt diesen speziellen Zauber des Anfangs. Lassen Sie sich bewegen und setzen Sie sich und Ihre Mitmenschen neu in Bewegung.

Die Kunst des Anfangs – die Kunst, mit vielen Menschen, Aufgaben und Energien etwas *anfangen* zu können. Nur wer auch Anfänger/in sein kann, lernt ein bestimmtes Metier zu beherrschen.

Werden Sie zum «Archetyp», was u. a. bedeutet: Selber Urheber oder Urheberin zu sein, der oder die erste auf einem bestimmten Terrain in einer bestimmten Angelegenheit. Jeder Mensch ist Herrscher/in im eigenen Reich. Und in diesem Reich ist er oder sie ohne Vorbild und Beispiel!

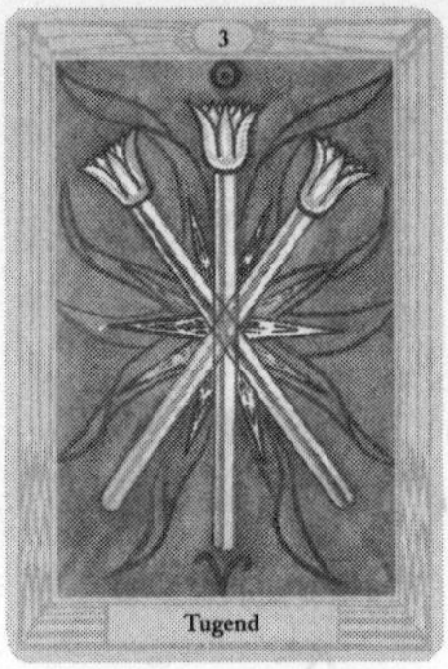

Drei Stäbe

Ihr «Platz an der Sonne». Finden und bewohnen Sie diesen Ihren Sonnenplatz. Setzen Sie sich für Ihre Sache ein, beginnen Sie, auch wenn andere noch nicht anfangen. Wenn Sie sich ganz hineingeben, können Sie andere «anstecken» und mitziehen. Zeigen Sie Ihre Krallen, wenn es sein muß, und schnurren Sie vor Behaglichkeit, wenn die Lebenskraft Sie durchfließt und durchwärmt.

Den eigenen «Platz an der Sonne» zu finden heißt, die «Lebensmitte» zu erreichen. Und das bedeutet, daß Sie als Erwachsene/r wieder Kind werden. Das ist wie eine persönliche Wiedergeburt. Eine Wiedergeburt mitten in diesem Leben!

Vier Stäbe

Die Phase kraftvoller Gegensätze und beflügelter Hoch-Energien. Sie geraten an einen Kraftort! Einen «Kraftort» finden Sie nicht nur an bestimmten Naturschauplätzen oder magischen Stätten. Kraftzentren finden Sie überall, wo sich all das optimal entfalten kann, was für Sie zu einem blühenden Leben dazugehört. Für den einen ist es die Disco oder das Theater, für andere die Firma oder die Familie. Hier geht es um das «Kribbeln im Bauch» und um ein Kribbeln, das Sie ganz durchströmt, ja, das noch größer ist als Sie selber.

Packen Sie den Stier bei den Hörnern und reiten Sie ihn.

Fünf Stäbe

Die Quintessenz des Willens. Was Sie und was andere wirklich wollen, steht nicht einfach fest, sondern ist in permanenter Bewegung.

Daher ist es von großem Vorteil, wenn immer wieder die unterschiedlichen Triebe und Energien, die in Ihnen bzw. in einer Situation vorhanden sind, miteinander ringen und darum wetteifern, wo es jetzt im Moment langgehen soll.

Geben Sie den Versuch auf, Ihre Willenskraft daran zu messen, ob Sie Vorstellungen, die einmal Bedeutung für Sie hatten, auch verwirklichen können. Der Lauf der Dinge zeigt Ihnen vielmehr, was Sie selber wollen und was das Leben von Ihnen «will». Diese Impulse zu verstehen ist nicht immer leicht. Doch diese aufzugreifen bringt unendlich viel mehr. Darin liegt der Nutzen des Spielens: Das Spiel der Kräfte entfaltet die inneren Motive und Absichten, bringt somit den «Willen» nach außen.

«Der Mensch spielt nur, wo er in voller Bedeutung des Wortes Mensch ist, und er ist nur da ganz Mensch, wo er spielt.» (Friedrich Schiller)

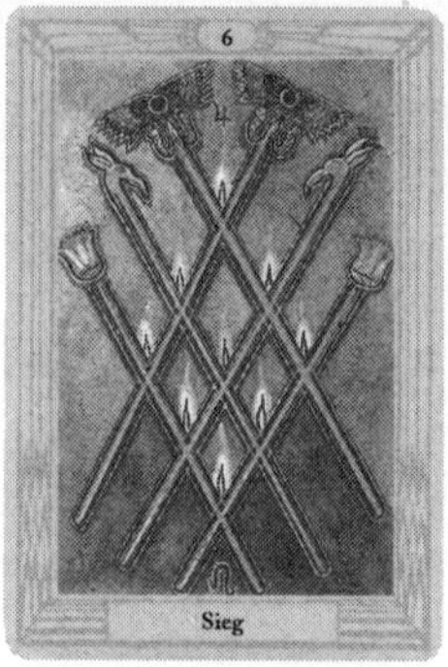

Sechs Stäbe

Die Kunst, «gut drauf» zu sein. Die Aufgabe, Stärken und Schwächen, die unterschiedlichsten Bestrebungen miteinander zu verbinden, ohne sich zu verzetteln.

Vertreten Sie, was Sie innerlich bewegt, und setzen Sie sich ganz dafür ein. Hüten und schützen Sie sich vor einem falschen Heldentum, das von Schwächen nichts wissen möchte. Genauso vor einer falschen Schüchternheit oder ohnmächtigen Bescheidenheit, die von den eigenen Stärken nichts erwartet.

Besonders wichtig ist es jetzt, daß Sie sich über Ihre persönlichen Wünsche – und Ängste – klarwerden. Welche Wünsche sind jetzt wichtig? Welche Ängste sind berechtigt?

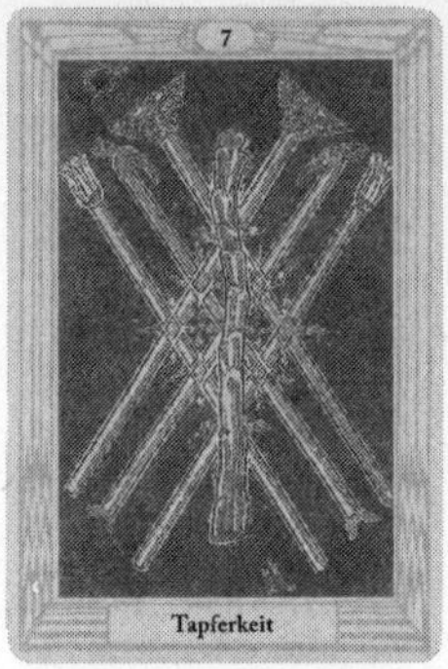

Sieben Stäbe

Das Glück des «Trieblebens». Ihre Fähigkeit, eigene und fremde Triebe, Antriebe und Absichten zu verstehen und zu berücksichtigen.

Aktionismus und Ehrgeiz schaden dabei nur. Entscheidend ist ein bewußtes Niveau, ein «ausgeschlafener» Stil im Einsatz der Kräfte. Ziel und Lohn: Sie erreichen mehr, während Sie sich selber weniger verschleißen. Das wirkt wie ein Wunder, und es ist wunderbar! Und doch ist es nichts Unerfindliches, die Erklärung liegt vielmehr auf der Hand:

So wie wir Schulaufgaben, Computersprachen oder Haushaltspläne als Erwachsene mit einer Selbstverständlichkeit beherrschen, die uns als Kind unvorstellbar gewesen wäre, genauso erreichen wir eine Souveränität im Leben mit vielen und starken Energien. Wir müssen nur auch hier unsere Lektion lernen.

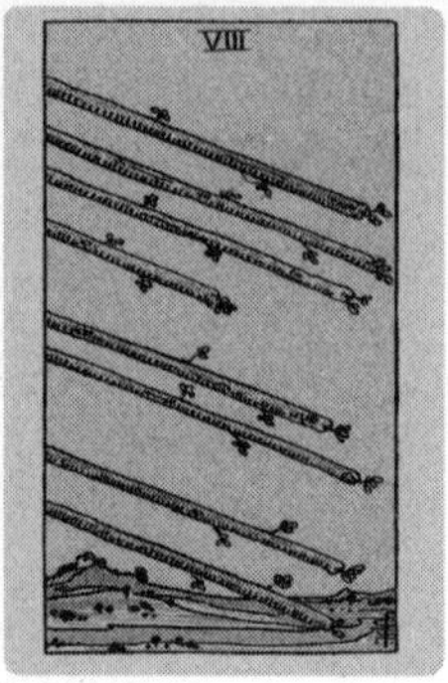

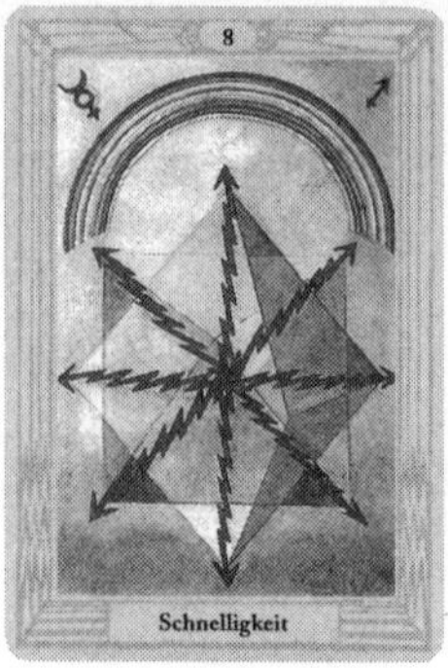

Acht Stäbe

«Nix ist los, solange du alles festhältst.» (Jo Enger) Viele Projekte scheitern nicht am Mut zum Neuen, sondern an mangelndem Abschied vom Alten! «Liebe Gewohnheiten» und alte Vorstellungen können sich wie ein Bretterzaun darstellen, der die Welt vernagelt. Wenn Sie aber von dem ausgehen, was Sie und andere Beteiligte wirklich wollen, können Sie sich ohne Schaden und ohne falsche Verluste von Hindernissen und Hemmungen befreien.

Bleiben Sie auf dem «Teppich»: Ohne Bodenhaftung fliegen Sie in ein Niemandsland. Doch fliegen Sie mit, lassen Sie sich treiben und tragen.

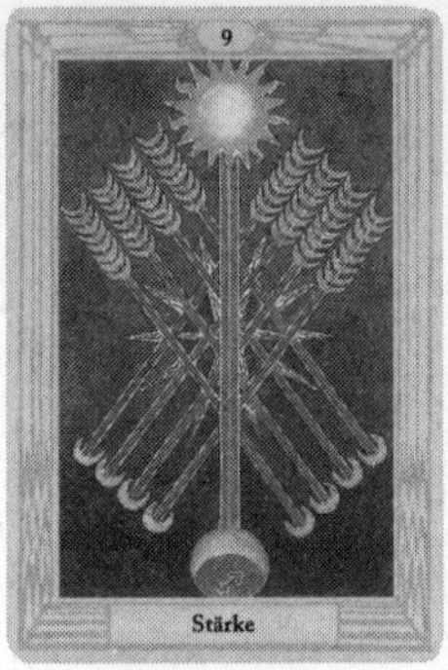

Neun Stäbe

Die Kunst der Wunscherfüllung. «Glück ist keine Glückssache», auch keine Frage des Schicksals, sondern Ihres Geschicks, die richtigen Ziele zu finden und zu treffen. Testen Sie sich und Ihre Mitmenschen: Was auch immer man unter Glück versteht, es hängt jedesmal damit zusammen, daß es gelingt, wesentliche von unwesentlichen Wünschen zu unterscheiden und zumindest einige der wichtigen Wünsche zu erfüllen. Das gleiche mit den Ängsten: Hier gilt es, berechtigte von unberechtigten zu unterscheiden und wiederum wenigstens einige der unberechtigten Ängste aufzuheben.

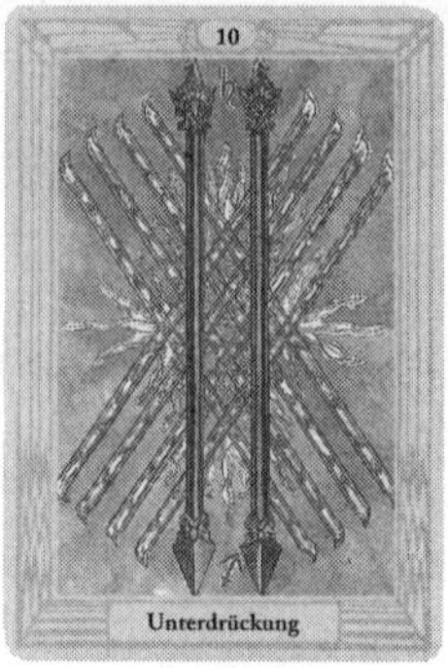

Zehn Stäbe

Der Archetyp des Holzfällers. Erst wird der Baum aus dem Wald geholt, dann der grobe Klotz geschnitten, auf den groben Klotz ein grober Keil gesetzt und dieser weiter geteilt, bis Feuerholz entsteht und brennbare Scheite. Eine Kette von Operationen, welche die ursprüngliche Naturkraft in feinste, geistvolle Energien transformiert, bis schließlich das Stück Holz brennt und die zuvor in der Materie eingeschlossene Energie freigesetzt wird. Wenn Sie den Zusammenhang verlieren, produzieren Sie Kleinholz – viele Scheite – und scheitern. Wenn Sie jedoch große Probleme und große Aufgaben sich so einteilen, daß Sie sie in die Hand nehmen und bewältigen können, dann verwandeln Sie den groben Klotz in viele Scheite und sind *gescheit*.

Die Arkana der Kelche

Die Kelche vertreten das Element Wasser. Hier geht es um Gefühle und (seelische) Bedürfnisse. Die *Seele* ist hier der Schlüsselbegriff. Wenn Sie eine Kelch-Karte ziehen, dann liegt eine erste praktische Bedeutung darin, daß Sie dafür sorgen, daß «es» fließt.

Ihre Seele zeigt Ihnen die richtige Antwort oder den richtigen Weg. Bleiben Sie auf dem laufenden und halten Sie die Dinge im Fluß. Beachten Sie die Bedürfnisse Ihrer Mitmenschen und berücksichtigen Sie alle beteiligten Gefühle.

Wasser ist an sich ungreifbar und im übertragenen Sinne unbegreifbar (s. dazu die Bildfiguren, die nach Wasser greifen, im VOYAGER-Tarot, dort besonders im Bild «Weiser der Kelche»). Doch durch die Kelche wird Wasser faßbar. Wie das Wasser unsere Gefühle symbolisiert, so stellen die Kelche all das dar, was unseren an sich ungreifbaren Seelenkräften eine faßbare Form verleiht.

Die Kelche sind ein *Inbegriff* bestimmter Gefühle. Das VOYAGER-Tarot drückt dies vor allem durch das Motiv der Blüte aus: Bestimmte Gefühle entfalten sich hier. Konkret geht es dabei besonders um unsere Wünsche und Ängste, in denen sich die fließenden Bedürfnisse der Seele fixieren oder konkretisieren.

Assoziationen zu den Kelchen: Das Gefäß, das dem Wasser Halt gibt. Symbol des weiblichen Schoßes und des weiblichen Erbes. Die Gralssuche der Ritter der Minnezeit. Quelle (auch: Herkunft), Mündung (auch: Bestimmung). Das Wasser des Lebens und des Todes, Jungbrunnen, Taufe, Tränen, Trunkenheit, Mond.

Königin/Frau der Kelche

Die Stimme des Herzens. Keine andere Symbolfigur des Tarot verkörpert so sehr die Kostbarkeit und die Ganzheit der Gefühle wie diese Gestalt. Typisch für diese «Königin» ist die Verbindung von Verschlossenheit auf der einen Seite und von ebenso vollständiger Offenheit auf der anderen Seite. Im WAITE-Bild ist dies zu erkennen an dem geschlossenen Kelch sowie an der muschelförmigen Trichteröffnung; im CROWLEY-Bild wird es durch den Wasserspiegel wiedergegeben, der einerseits Offenheit und andererseits Geschlossenheit/Abgrenzung demonstriert.

Seelische Eigenständigkeit und persönliche Ganzheit werden damit angesprochen. Wenn man nicht einem «Image», einem äußeren Bild von sich selber nachlaufen will, um dadurch eine eigene «Persönlichkeit» zu kreieren – so ist dies die einzig wahrhaftige Alternative: Das Verständnis für die Besonderheit und die Kostbarkeit der Seele eines jeden Individuums.

König/Prinz/Mann der Kelche

Verlangen nach Weisheit und Weisheit des Verlangens: Sie sind in der Lage, seelisch die Weichen neu zu stellen. Trauen Sie Ihren Gefühlen – und den Gefühlen Ihrer Mitmenschen – im guten wie im schlechten Sinne einiges zu.

Bauen Sie auf die verwandelnde Kraft der Seele, wie sie in den Worten des Märchens anklingt: «In den alten Zeiten, wo das Wünschen noch geholfen hat …» Persönliche Transformation und seelische Wandlung hängen weniger vom guten Willen oder vom bloßen Schicksal ab als vielmehr von Ihrer Fähigkeit, neue *gangbare* Alternativen für seelische Bedürfnisse aufzufinden. Gehen Sie den beteiligten Gefühlen und Bedürfnissen auf den Grund, dann finden Sie die gesuchte Antwort.

Ritter/Weiser der Kelche

Die Macht der seelischen Konsequenzen. Sie haben so viele und starke Gefühle, daß Sie lernen können und vielleicht auch müssen, wie ein Fisch inmitten des Wassers zu schwimmen. Dies stellt eine andere Art der Betroffenheit dar: Nicht die Betrachterperspektive, wo Sie vom Ufer aus auf den Fluß der Dinge und den Strom der Zeit schauen. Nein, hier sind Sie stets *mittendrin*. Betrachtung und Betroffenheit lassen sich hier nur schwer voneinander trennen. Lernen Sie zu schwimmen, zu tauchen und sich freizuschwimmen. Begreifen Sie die «ozeanischen Gefühle», verstehen Sie Ihr Eingebundensein in den großen Kreis des Lebens. Nichts Menschliches bleibt Ihnen fremd und keines Ihrer Bedürfnisse ohne Echo und ohne Resonanz.

Page/Bube/Prinzessin/ Kind der Kelche

Seelische Erleichterung. Die Karte warnt vor Leichtfertigkeit im Umgang mit dem Seelenleben. Diese drückt sich z. B. im WAITE-Bild darin aus, daß der Fisch, der Inhalt des Seelenlebens, zwar betrachtet wird, dabei jedoch aus dem Zusammenhang gerissen und isoliert wird, so daß er (der Fisch im Kelch) möglicherweise vertrocknet.

Eine effektive Leichtigkeit in seelischen und Herzensangelegenheiten verlangt eine Lösung für wichtige persönliche Wünsche und/oder Ängste. Alles andere wäre viel beschwerlicher.

Ringen Sie um Klarheit und seelische Wahrheit. Finden Sie das richtige seelische Verständnis. Wenn Sie sich und Ihre Mitmenschen verstehen, heilen Sie alte Wunden und lernen wirkliche Wunder kennen.

As der Kelche

Den Kelch in die Hand zu nehmen heißt, Gefühle zu begreifen. Legen Sie sich – ohne Zensur oder Vorbewertung – Rechenschaft über Ihre Gefühle ab. Auch unangenehme Gefühle brauchen ihren Raum. Schauen Sie sich auch unbekannte Seelenseiten an. Das kann manchmal mit innerer Erregung oder äußerer Anspannung verbunden sein. Es stimmt nicht, daß Gefühle immer nur glückliche Gefühle sein müßten. Auch ein einzelner Kelch allein kann durchaus verschiedene Inhalte transportieren: Wasser und Wein, Sekt und Selters, Essig oder Nektar.

Mut zum Gefühl ist jetzt angesagt. Manchmal auch zu einem Wechselbad der Gefühle, das mit seinen Höhen und Tiefen Ihnen eine besondere Chance bietet, Gefühle zu verstehen und zur seelischen Ganzheit zu gelangen. Jetzt ist nicht die Stunde großer Versprechen oder Verheißungen, sondern der persönlichen Aufrichtigkeit.

Zwei Kelche

Der Wert seelischer Unterschiede. Sympathie und Antipathie als wichtigste Grundkräfte des Seelenlebens ermöglichen Ihnen wesentliche Unterscheidungen. Genauso wie die Schwerter ihre Zweischneidigkeit und wie die Münzen/Scheiben die «zwei Seiten der Medaille» besitzen, drücken die Kelche die Polaritäten im Gefühls- und Seelenleben aus. Wunschdenken und Angsterwartungen halbieren den Fluß der Gefühle und blockieren ihn somit. Solche Blockaden werden jedoch buchstäblich überflüssig, wenn Sie für alle Ihre Gefühle, und besonders für Ihre Wünsche und Ängste, den richtigen Namen finden.

Was ist nicht schon alles im Namen der «Liebe» transportiert worden? Gefühle und seelische Reaktionen müssen hier gedeutet werden. Wenn Sie Gefühle und seelische Reaktionen unterscheiden können, werden Sie sogleich genauer und freier im Umgang damit. Das ist wahre Liebe.

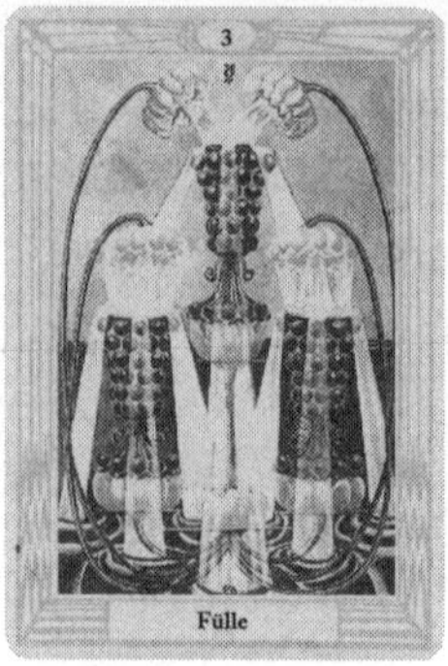

Drei Kelche

Die Kraft der starken Gefühle. Diese Karte spiegelt starke seelische Bedürfnisse wider und die Kunst, verschiedene Gefühle und Stimmungen unter einen Hut zu bekommen. Der christliche Grundsatz «liebe Deinen Nächsten wie dich selbst» ist oft belächelt, oft mißverstanden und oft auch für merkwürdige Zwecke mißbraucht worden. Aber für sich genommen drückt dieser Satz aus, worum es (auch) hier geht. Er stellt eine Aufgabe dar, die tatsächlich eine enorme psychische und persönliche Leistung bedeutet: Sich selbst und andere in gleicher Weise zu lieben.

Ihre Seele verträgt mehrere Wahrheiten zur gleichen Zeit. Lassen Sie Ihre Seele wachsen.

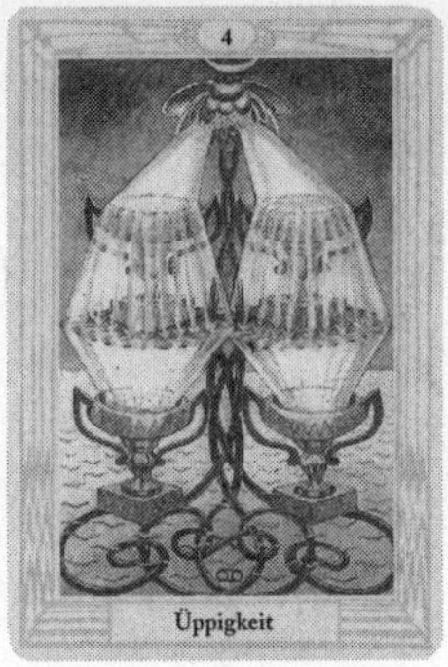

Vier Kelche

Das Glück der seelischen Ganzheit. Die «Stimme des Herzens» besitzt wie jede andere Sprache ihre Vokabeln, ihre Zusammenhänge und Bedeutungen. Ihre Chance und Ihre Aufgabe ist es jetzt, diese Sprache klar und deutlich zu verstehen und zu sprechen. Akzeptieren Sie Freude und Trauer, Empfindungen von Mangel oder von Erfüllung als unterschiedliche Aspekte einer und derselben Realität – der Wirklichkeit der Seele. Bleiben Sie aufmerksam für neue Möglichkeiten, die Welt der Seele zu erfahren. Ihre seelische Kraft ist Grundstock und Motor der Persönlichkeit, und Ihre Gefühle, mit all ihren Stärken und Schwächen, lassen Ihre Persönlichkeit wachsen und wühlen sie auf: Sie zeigen Ihnen, woher Sie kommen und wohin Ihre seelische Reise geht.

Fünf Kelche

Die Quintessenz der Gefühle. Im CROWLEY-Tarot ist dies die einzige Karte, worin alle Kelche leer sind. Leere Kelche symbolisieren aber einen seelischen Mangel – oder eine vollständige seelische Offenheit. Der gleiche Inhalt im WAITE-Tarot: Wenn die Seele schwarz sieht, ist dies entweder ein Alarmzeichen, das dringend praktische Hilfe oder Selbstverteidigung notwendig macht – oder aber das Signal für ein freudiges Ereignis, für einen seelischen Neuanfang.

Eine der klassischen Deutungen dieser Karte ist die «Enttäuschung», auch im Sinne des «Endes einer Täuschung». Daneben steht die Karte jedoch auch für die *Neubestimmung des seelischen Fassungsvermögens*!

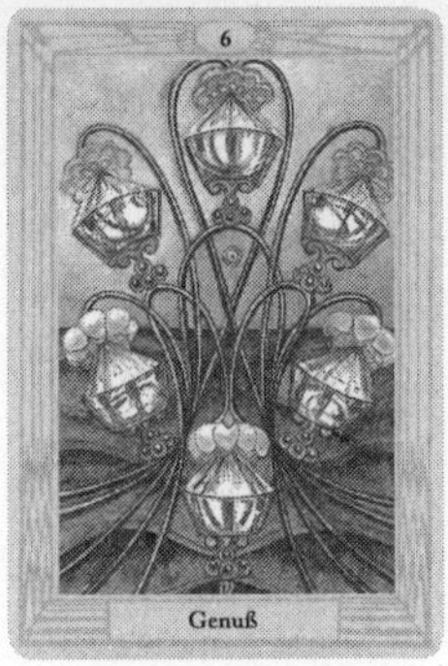

Sechs Kelche

Kraft aus großer seelischer Tiefe. Hier geht es um die Rückbesinnung auf empfindungsreiche Erfahrung, sei es aus der persönlichen Jugend und Kindheit, sei es aus «märchenhaften» Zeiten unserer Kultur.

Die kleine Frau im WAITE-Bild besitzt ein Doppelgesicht, und der Teil steht hier für das Ganze: Auch die Erinnerungen an die (seelische) Kindheit zeigen uns ein Doppelgesicht von Freude und Trauer, von erfahrener Annahme und Ablehnung. Erst die Aufarbeitung früherer Erfahrung befreit uns aus dem Wiederholungszwang und gibt uns heute die seelische Freiheit, stets wieder neu zwischen Sympathie und Antipathie frei und liebevoll zu wählen.

Sieben Kelche

Die größeren Wahrheiten. Zu den bemerkenswerten Eigenschaften der Seele und der Herzen gehören die Fähigkeiten, Schattenseiten anzunehmen, über den eigenen Schatten zu springen und über sich selbst hinauszuwachsen. Probleme entstehen bei dieser Situation immer nur dann, wenn entweder das Bewußtsein zu eng ist und für diesen größeren Reichtum der Seele kein Verständnis aufbringt; oder wenn der Glaube an höhere Gefühle und größere Wahrheiten mit einer Selbstverleugnung (persönliche Farblosigkeit, Schattenexistenz) verbunden ist.

Ein notwendiger und wertvoller Teil Ihrer Gefühle sind Träume und Visionen, die sich nicht unmittelbar begreifen lassen. Verabschieden Sie sich jetzt von der Vorstellung, alle Gefühle «in den Griff» zu bekommen. Lassen Sie Ihr Bewußtsein und Ihr Urteilsvermögen jedoch wachsen. Lernen Sie, die Dunkelheit zu unterscheiden und sich auch im Zwielicht sicher zu orientieren. Schau, trau, wem.

Acht Kelche

Die tragende Kraft des Wassers. Hier geht es um Gefühle, die so groß sind, daß wir sie nicht mehr in einzelnen Kelchen selber in die Hand nehmen (erfassen und begreifen) können. Nicht wir haben die Kelche in der Hand. Eher ist es so, daß sie uns in der Hand hätten.

Hier kommt es auf die richtige *Einstellung* an.

Daher fordert diese Karte zur Auseinandersetzung mit großen Gefühlen und Glaubensentscheidungen auf. Lösen Sie sich aus inneren Abhängigkeiten, gleich welcher Art, und erneuern Sie Ihre Gefühle und Ihren Glauben, damit Sie sich in dieser Welt geborgen und getragen fühlen.

Neun Kelche

Wogen der Gefühle. Zahlreiche und verschiedenartige Gefühle sind hier versammelt. Wie bei jeder Kelch-Karte, so ist auch hier entscheidend, was in den Kelchen enthalten ist. Wie oft hört oder liest man: «Bau auf dein Gefühl!», aber selbstverständlich gibt es auch ungute Stimmungen, unwahrhaftige Gefühle oder überholte Ziele und Motive.

Jede Verharmlosung oder einseitige Verherrlichung der Gefühlswelten wäre hier fehl am Platz. Hier kommt es wirklich darauf an, daß in Ihren aktuellen Fragen die seelischen Belange entscheiden. Und daß Sie diese beteiligten Gefühle wirklich meistern können und sollen.

Zehn Kelche

Große Gefühle, weitreichende Wünsche und Ängste. Die Karte der großen seelischen Leidenschaften. Eigene und fremde Bedürfnisse, produktive und sinnlose Seelenklänge gilt es hier zu unterscheiden, damit «es» fließt.

Beim Feuer heißt es: «Gebranntes Kind scheut das Feuer.» Und hier, für das Wasser, ließe sich ergänzen: «Wer als Kind in den Brunnen gefallen ist, meidet tiefere Gewässer.» Und doch geht es in Ihren aktuellen Fragen nur richtig voran, wenn Sie einen Weg finden, mit Feuer und Wasser zu leben und Ihre großen seelischen Energien einzusetzen.

Beenden Sie unselige Leidensgeschichten und haben Sie Mut zu Ihren Leidenschaften.

Die Arkana der Schwerter und Kristalle

Schwerter und Kristalle vertreten das Element Luft. Hier geht es um Urteile und Entscheidungen, um Gedanken und Erkenntnisse.

Der *Geist* ist hier der Schlüsselbegriff. Seit alten Zeiten ist das Schwert ein Inbegriff der Urteilskraft. Mit dem Schwert können Sie etwas durchdringen, trennen und unterscheiden, so daß Sie in die Lage kommen, etwas zu entscheiden sowie Erkenntnisse zu sammeln und auf einen Begriff zu bringen. Kurz, die Schwerter im Tarot symbolieren die «Waffen des Geistes». Und diese Bedeutung trifft selbst dann noch zu, wenn man spontan bei einem Schwert zunächst an ein Kriegswerkzeug denkt.

Denn auch die Kriege sind eine Erfindung des menschlichen Geistes, in Art und Ausmaß ohne sonstiges Beispiel in der Natur. Allerdings dürfen Sie, wenn Sie das Schwert als Zeichen von Kampf und Krieg deuten, traditionelle Schwerter-Attribute wie Ritterlichkeit, Mündigkeit und Freiheit keinesfalls vergessen.

Ziehen Sie eine Schwerter-Karte, geht es jeweils darum, daß Sie für Klarheit und Aufklärung sorgen, für frischen Wind, gute Luft und langen Atem.

Das VOYAGER-Tarot hat die Schwerter in «Kristalle» umbenannt. Die Wirkungen des Geistes, zu klären und Transparenz herzustellen, drücken sich darin ebenso aus wie seine Gefahr, sich zu fixieren oder zu verhärten. Vor allem aber macht der Kristall als Symbol in besonders schöner Weise deutlich, daß der *Geist* gleichsam reine Materie ist!

Königin der Schwerter/Frau der Kristalle

Bewußtes Leben. Lassen Sie sich nicht durch Kulissenzauber beeindrucken. Aufgabe der Schwerter ist es, neue und glückliche Alternativen für die Verwirklichung vorhandener Bedürfnisse aufzutun.

Persönliche Freiheit ist stets auch die Freiheit des *anderen* – das gilt für den zwischenmenschlichen und politischen Bereich und ebenso für den Bereich des Geistes. Dem anderen Freiraum zu geben, heißt, sich zu öffnen, z. B. *die Maske abzunehmen* und sich – und anderen – ins Auge zu schauen.

Diese Aufgabe werden Sie nicht nur bewältigen, sondern souverän lösen, wenn Sie behutsam mit vorhandenen Ängsten umgehen.

In der Macht des Schwertes liegt es, die geistigen Kapazitäten zu entfalten und zu verfeinern. Und dazu gehört es eben auch, Worte für Erfahrungen zu finden, bei denen bislang Sprachlosigkeit herrschte.

König/Prinz der Schwerter/ Mann der Kristalle

Die Kraft der Klarheit. Erfahrungen zu verarbeiten, bis sie klar und bewußt geworden sind, wird in der Symbolik auch damit beschrieben, Diamanten zu fördern oder seinen Stern zu finden. Dieselbe Brillanz oder Klarheit zeichnet die gelbe Pyramide im CROWLEY-Bild aus, die nicht zufällig zu gleichen Teilen nach oben und nach unten ragt. Wenn sie nicht den warnenden Hinweis auf ein Glashaus oder auf einen gläsernen Berg darstellt (Zeichen der Verhärtung der Gedanken oder der Vereisung der Gefühle), dann bedeutet die Doppel-Pyramide hier Transparenz, Klärung und Reinheit der Erfahrung.

Ihre geistigen Kapazitäten bewähren und bemessen sich in der Aufhebung von Wünschen und Ängsten, von Problemen und Notwendigkeiten. Sie besitzen und Sie brauchen jetzt starke geistige Kräfte und die Fähigkeit, sich selbst zu steuern.

Kommen Sie mit sich und anderen ins reine, bis alle wesentlichen Fragen *klar* sind.

Ritter der Schwerter/Weiser der Kristalle

Geistige Rasanz und Radikalität. Beflügelnde Begeisterung und fanatischer Enthusiasmus sind hier angesprochen. Da das Schwert für das Luftelement des Geistes steht, bezieht sich das außerordentliche Tempo von Roß und Reiter (WAITE- und CROWLEY-Bilder) vor allem auf die *Geschwindigkeit der Gedanken*. Die höchste bisher bekannte Geschwindigkeit ist die Lichtgeschwindigkeit. Wenn es im Menschen eine Entsprechung für diese in der Außenwelt gefundene Größe gibt, dann ist dies die Bewegung der Gedanken.

Bringen Sie Licht in Ihr Leben und ziehen Sie klare Konsequenzen. Gehen Sie in Ihren aktuellen Entscheidungen aufs Ganze: Bevorzugen Sie solche Lösungen, die Ihre persönliche Ganzheit und Dauer fördern. Durchdenken Sie die Lage, interpretieren und deuten Sie Gedanken, so wie andere Träume interpretieren, und ziehen Sie daraus die praktischen Konsequenzen.

Page/Bube/Prinzessin der Schwerter/Kind der Kristalle

Der Charme der Aufklärung. Nehmen und halten Sie das Schwert selbst in der Hand. Geben Sie Ihr Urteilsvermögen nicht an andere ab. Der Wert einer neuen Idee bemißt sich nicht an dem, was ist, sondern an dem, was *wird*.

Hüten und schützen Sie sich vor Behauptungen und «Argumenten», die lediglich aus der Luft gegriffen sind. Gehen Sie kreativ und aufmerksam mit den Vorstellungen um, die Sie und Ihre Mitmenschen im Kopfe haben.

As der Schwerter/Kristalle

Die Krönung des Geistes. Schon in einem Schwert ist die ganze Zweischneidigkeit des Geistes enthalten. Der menschliche Geist stellt auf der einen Seite die Krone der Schöpfung dar, auf der anderen Seite die maximale Entfernung und Entfremdung von der Natur.

Für Ihre aktuellen Fragen bedeutet diese Karte, daß Sie Ihr Bewußtsein schärfen und erheben sollen, um Widersprüche zuzuspitzen und auf einen Nenner zu bringen. Sorgen Sie für die Einheit von Denken und Tun. Befreien Sie sich von unangebrachten Zweifeln und Zweideutigkeiten. Nehmen Sie das Schwert als Geschenk des Lebens neu in die Hand und begreifen Sie, welcher «Wille» und «Sinn» sich im gegebenen Augenblick offenbart.

Zwei Schwerter/Kristalle

Die Kunst des «bewußten Träumens»: Es gibt einen Moment *zwischen* Tag und Traum, zwischen Schlafen und Wachen. Davon handelt diese Karte. Jetzt bietet sich die gute Gelegenheit, Gedanken auf ihre Bedeutung und Ereignisse auf ihren Sinn hin zu verstehen. Deuten Sie Ihre Gefühle und Träume, erinnern und bearbeiten Sie Ihre Erfahrungen. Je deutlicher Sie dabei Phantasie und Wirklichkeit zu unterscheiden wissen, desto bessere Chancen besitzen Sie, zur Mitte, zur tieferen Einheit zu gelangen.

Die beiden Schwerter lassen sich als Sinnbild von oben und unten, links und rechts verstehen. Ihr Schnittpunkt bezeichnet das «Herz», die Mitte der Person. Zugleich beschreibt die Blume (s. CROWLEY-Bild) den *Augenblick*, der aufblüht und verwelkt. Wach sein für den Augenblick ist die Keimzelle des Bewußtseins.

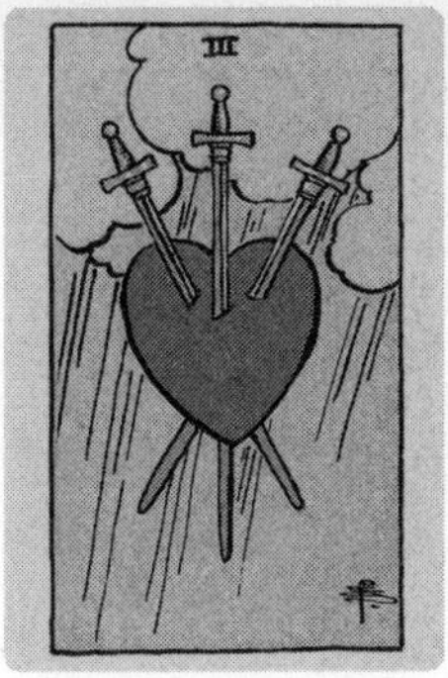

Drei Schwerter/Kristalle

Die Kraft der Ehrlichkeit. Diese Karte ist oft als «Kummerkarte» mißverstanden worden. Tatsächlich handelt sie davon, daß Geist (Schwerter) und Herz bzw. persönliche Mitte auf einen Nenner kommen. Es ist eine Stunde der Wahrheit.

Die Wahrheit ist aber nicht nur im moralischen Sinne überlegen. «Ehrlich währt am längsten», und zwar ganz effektiv und praktisch, weil man so am besten in der Lage ist, mit allen Kräften und Energien des Lebens zusammenzuarbeiten.

Wenn Sie diese Karte ziehen, können Sie aufhören, sich oder anderen etwas vorzumachen. Kommen Sie jetzt auf den Punkt, halten Sie sich an das Wesentliche: «Geh, wohin dein Herz dich trägt.»

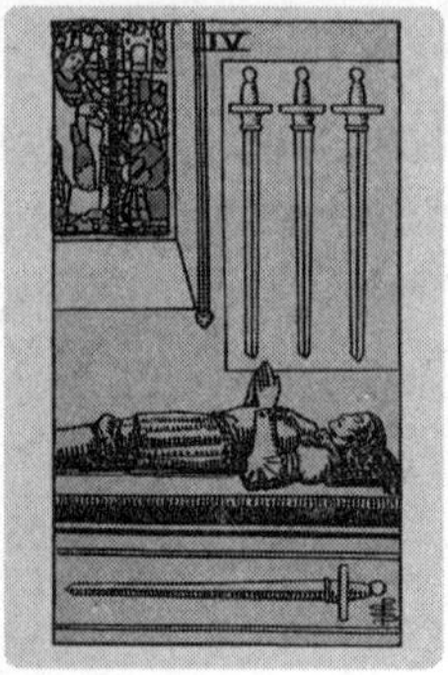

Vier Schwerter/Kristalle

Die Kraft des ruhigen Gewissens. Die verschiedenen Bilder warnen uns vor Phantasien und Einbildungen, die keine Grundlagen in wirklichen Erfahrungen besitzen. Solche Einbildungen können lähmen und in jeder Hinsicht blockieren. Wenn diese Phantasien nicht korrigiert, sondern noch gesteigert werden, dann wirken hier Schwindel- und Wahnvorstellungen.

Wenn Ihre Phantasien jedoch auf tatsächlichen Erfahrungen beruhen und zu diesen auch wieder zurückkehren, bedeutet *Einbildungskraft* die wunderbare Fähigkeit, Zerstreuung und Fixierung des Denkens zu überwinden. Pflegen Sie Ihre geistigen Kapazitäten. Je mehr Sie sie gebrauchen, desto stärker werden sie. Nur ein ungenutzter Geist verschleißt.

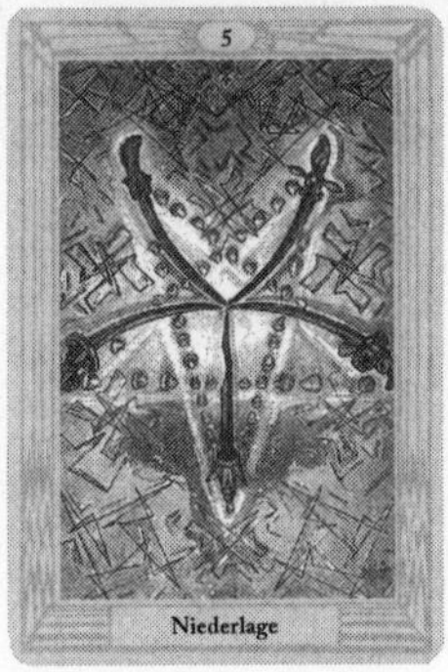

Fünf Schwerter/Kristalle

Die Quintessenz des Geistes. Schalten Sie nicht ab, wenn es Schwierigkeiten gibt. Sondern mobilisieren Sie Ihren ganzen geistigen Apparat. Suchen Sie nach stärkeren Schwächen, seien Sie bereit zu Kritik und Selbstkritik.

Suchen Sie nach dem Sinn von Siegen und Niederlagen und erkennen Sie den Wert der Erfahrung, der darin zum Ausdruck kommt. Nutzen Sie die Waffe des Geistes als Mittel der Heilung. Setzen Sie Ihre geistigen Kapazitäten zur Steigerung der Lebensqualität und für einen langen, fruchtbaren Lebensweg ein.

Sechs Schwerter/Kristalle

Wissen und Lernen: Studieren und probieren Sie, lernen Sie, lustvoll und lohnend zu lernen. Suchen Sie die *Erfahrungen*, die hinter den Lehrsätzen stehen.

Klären Sie Interessen und Bedürfnisse. Verstehen Sie, was andere *im Grund* mit dem meinen, was sie tun oder sagen. Und machen Sie anderen begreiflich, was Ihnen am Herzen liegt.

Setzen Sie Ihre Intelligenz, Ihre ganzen Kombinations- und Vermittlungskünste ein, damit es zwischen Ihren Mitmenschen und Ihnen *fließt* und Sie «im Strom» der Zeit und der Ereignisse einen eigenen Kurs zu steuern wissen, weil Sie *von allem* lernen.

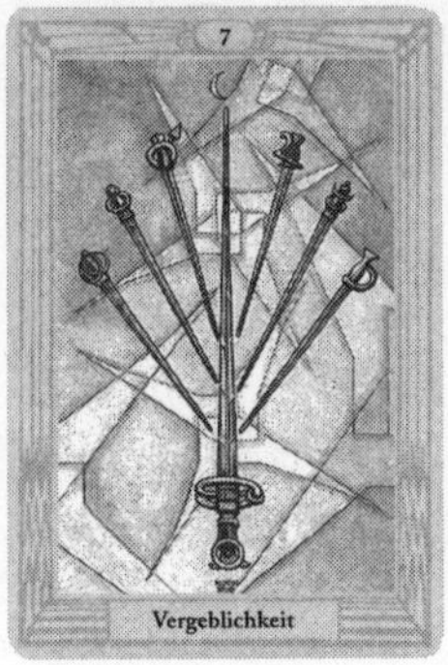

Sieben Schwerter/Kristalle

Rätsel und Lösung: Jeder Mensch bringt eine neue Wahrheit auf die Welt und so trifft jede/r von uns auch auf bestimmte Rätsel, die gleichsam nur dazu da sind, daß wir die Lösungen finden, für die wir selbst prädestiniert sind.

Es gibt Lösungen, die nur Sie finden können, Lösungen, die die Welt bereichern, von denen viele profitieren können. Lösungen, die nicht vorhanden wären, wenn Sie sie nicht entwickelten.

Lassen Sie sich also von Problemen und Widersprüchen nicht einschüchtern. Finden Sie vielmehr heraus, welche Rätsel für Ihre Person und Ihr Leben typisch sind. Wenn Sie sich dies zur Aufgabe machen, werden Sie Bedeutendes erleben und bewirken.

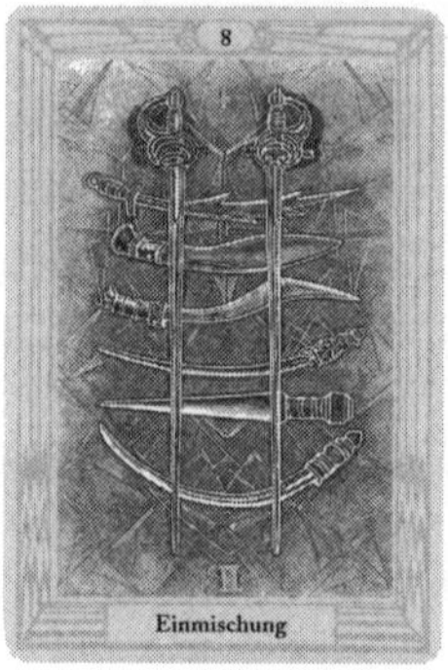

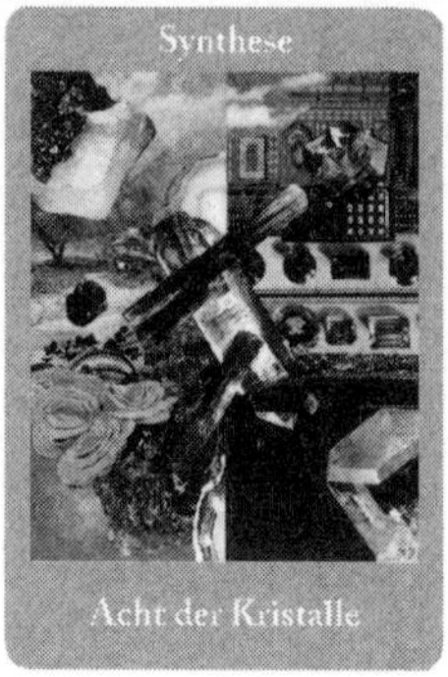

Acht Schwerter/Kristalle

Die Gabe der Bewußtseinserweiterung. Aus theoretischer Einsicht, aus bloßem Denken wachsen praktische Konsequenzen. – «Es gibt Gedanken, welche Du nicht begreifen kannst, wenn Du nicht Dein Leben änderst.» (Werner Sprenger) Jedes Wort ist ein Gedanke, und jeder Gedanke ist wie ein Instrument. Es schärft sich, und Sie entwickeln Ihre Kunstfertigkeit im Umgang damit, je öfter Sie es gebrauchen.

Zweck der Operation ist es, für das, was Ihnen und anderen am Herzen liegt, eine neue Souveränität zu gewinnen. Lösen Sie sich aus geistigen Abhängigkeiten und Befangenheiten. Ziehen Sie die Konsequenz aus der Fülle Ihrer Geistesgaben. Und richten Sie Ihr Leben danach ein.

Neun Schwerter/Kristalle

Die Macht der Unmittelbarkeit. Nur wenn Gedanken in Fleisch und Blut übergehen und Vorstellungen auch in praktische Aktionen münden, stellt sich heraus, ob sie etwas taugen.

Je mehr Sie Gedanken entwickeln, die nicht nur vorhandene Vorstellungen wiederholen, desto mehr betreten Sie ein Neuland, für das noch keine Vorerfahrungen existieren. Jedes Festhalten an vorhandenen Urteilen wäre unzureichend.

In Ihren aktuellen Fragen zeichnet sich ein solcher neuer geistiger Horizont ab. Sie werden mit Erkenntnissen, möglicherweise aber auch mit Höhen und Tiefen des Lebens konfrontiert, die ein geistiges Erwachen bewirken.

Der Untertitel der CROWLEY-Karte ist irreführend. *Hinter dem Horizont geht's weiter!* Sortieren Sie Ihre Gedanken und prüfen Sie die Tauglichkeit Ihrer Vorstellung. Schützen Sie sich vor möglichen unüberlegten Handlungen und automatischen Reaktionen. Es gibt viele Wege, auf das, was geschieht, zu antworten.

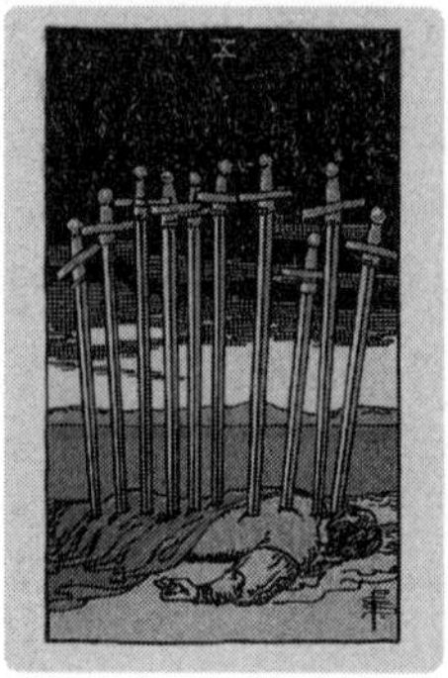

Zehn Schwerter/Kristalle

Gipfel der Erkenntnis. Zehn Schwerter stellen die Fülle des Geistes dar. Alle Bereiche des Denkens und der eigenen Existenz sind hier systematisch miteinander verbunden. Zum Untergang verurteilt sind untaugliche Vorstellungen, Selbstdefinitionen, ein «Ego» oder «Image», die den tatsächlichen Erfahrungen nicht (mehr) entsprechen. Vielleicht muß eine bestimmte Vorstellung von Beruf, Liebe oder Erfolg sterben.

Ein alter Zen-Spruch sagt: «Triffst du Buddha unterwegs, töte ihn!» Das bedeutet: Räumen Sie alle Idole und Autoritäten sowie alle äußerlichen Selbst-Ideale aus dem Weg. Es geht um die Hingabe an «Gott» und die Wahrheit des Lebens. Der Tod der unfruchtbaren Träume, Vorstellungen und Theorien läßt einen neuen, strahlenden Horizont aufziehen. Wach sein für die Erfordernisse des Augenblicks ist dasselbe, wie sich und das Leben immer wieder annehmen. Es ist wie eine Liebeserklärung an die eigene Person, an «Gott» und die Welt!

Die Arkana der Münzen, Scheiben und Welten

Die Münzen, im CROWLEY-Tarot Scheiben und im VOYAGER-Tarot Welten genannt, vertreten das Element Erde. Hier geht es um Werte und Ergebnisse.

Der *Körper* ist hier der Schlüsselbegriff. Damit ist der menschliche Körper gemeint und ebenso alles körperhaft Stoffliche. Wenn Sie eine Münzen/Scheiben/Welten-Karte ziehen, dann geht es um *praktische Ergebnisse*, die Sie vorfinden, verändern oder selbst produzieren.

Dabei ist der Begriff «Talent» von großer Bedeutung.

Das Talent war zu biblischen Zeiten ein Geldstück. Eine materiell-finanzielle Bedeutung, wie wir sie beim Wort «Münze» zuerst vermuten, steckt also auch in den Talenten. Zugleich stellen die Münzen (oder Scheiben oder Welten) unsere Prägungen dar. Wir erkennen, wie wir durch die verschiedenen Lebensumstände geprägt wurden und werden. Auf der anderen Seite der Medaille zeigen dieselben Münzen die Prägungen, die wir selbst bewirken und mit denen wir uns und unsere Umwelt gestalten.

Damit werden die Münzen zum Spiegel unserer Handicaps, unserer Aufgaben und unserer Begabungen. Auch diese tiefere Bedeutung der Münzen/Scheiben/Welten wird durch das Wort «Talent» erfaßt.

Bei der Herausgabe seiner Karten hat A. Crowley die Münzen in «Scheiben» umbenannt, weil er «ein sich drehendes, wirbelndes Bild» darstellen wollte. Derselbe Gedanke, daß die Münzen keine tote Materie, sondern eine lebendige Sprache verkörpern, ist allerdings auch in den Münz-Karten aus den anderen Tarot-Arten enthalten. In den Münzen des WAITE-Tarot bringt beispielsweise das

Pentagramm die lebendigen Energien, die jedem Sachverhalt eigen sind, zum Ausdruck.

Das VOYAGER-Tarot ist noch einen Schritt weiter gegangen, um deutlich zu machen, daß dieses Element, die Materie, keinerlei Beschränkung auf finanzielle Fragen verträgt, sondern die vielen Welten auf unserer Erde und im All meint – Welten, an denen wir in irgendeiner Weise teilhaben.

Königin der Münzen/Scheiben/ Frau der Welten

Die Aufgabe des Wesentlichen. Der springende Punkt ist hier Ihre Fähigkeit, Widersprüche anzunehmen. Das bedeutet, sie weder zu verstärken noch abzuschwächen, sondern sie zu verstehen und zu nutzen.

Körperliche Instinkte, praktische Bedürfnisse und sinnliche Qualitäten machen ganz wesentlich Ihr Talent aus. Dies soll Ihre Basis sein und, indem Sie bewußt Ihre Erfahrung verarbeiten, auch Ihr Gipfel und Ihre Krone. Insgesamt eine Karte der Rückbesinnung auf Ihre «wahren Werte».

Konzentrieren und entspannen Sie sich: Alles hat seine Zeit, jedes Ding nimmt seinen eigenen Lauf, den man durch Einmischung und Hektik, aber auch durch Gleichgültigkeit oder Abwarten nicht ändern kann.

König der Münzen/Prinz der Scheiben/Mann der Welten

Sinn und Genuß. Sie sind eine schöpferische Persönlichkeit, und Ihre Bodenständigkeit verleiht Ihnen Kraft und Ausdauer. Wichtig ist es hier, die richtigen Grenzen zu setzen.

Lösen Sie Blockaden und Verhärtungen auf. Begreifen Sie den Wert Ihrer eigenen Talente. Betrachten Sie die Weintrauben in den Bildern: Sie selber sind gleichzeitig wie Wein und Weinberg. Ihre ureigene Natur stellt einen besonderen Genuß, aber auch eine besondere Aufgabe dar.

Ritter der Münzen/Scheiben/ Weiser der Welten

Wohlbehagen und Fruchtbarkeit. Hier geht es um Vertrauen in Ihre eigene Kraft, besonders um die Fähigkeit, Ihr Leben in Ordnung zu bringen, Probleme nicht unter den Tisch zu kehren und Probleme in die Tat umzusetzen. Es gibt viel zu ernten in Ihrem Leben. Indem Sie Ihre Aufgaben und Notwendigkeiten begreifen, verstehen Sie sich selbst. Die richtigen Notwendigkeiten zu erkennen ist ein besonderes Talent und ein wirklicher Schatz.

Schaffen Sie eine angenehme Lebenssituation, in der Sie das verwirklichen, was Ihrer eigenen Natur, Ihrer Lebenseinstellung entspricht.

Verzichten Sie auf falsche Bescheidenheit und aufgesetzte Ideale und hüten Sie sich vor falschen Träumen, die Ihnen nur Kraft entziehen würden. «In der Beschränkung zeigt sich der Meister», und das bedeutet jetzt: loszulassen, um zu ernten.

Page/Bube der Münzen/Prinzessin der Scheiben/Kind der Welten

Früchte der Erde – Freuden des Körpers. Vertrauen Sie der Wahrheit, die in Ihnen schlummert, und bringen Sie sie zum Vorschein. Erwarten und fördern Sie dasselbe auch bei Ihren Mitmenschen.

Es ist jetzt wichtig, daß Sie einen Zugang zu Ihren ureigenen Betroffenheiten und zu Ihren wahren Begabungen finden. Lassen Sie sich von Schwierigkeiten nicht entmutigen. Seien Sie gewiß, daß die wahre Schönheit und der wahre Wert oftmals im verborgenen leben und dort abgeholt werden wollen. Der Diamant (im CROWLEY-Bild) gleicht den wahren Werten Ihrer Persönlichkeit. Er entspricht dem Thema des «Talents», das beim Prägen der Münzen von Bedeutung ist.

Schauen Sie sich und Ihrem Gegenüber in die Augen. Ihre «Münze» ist ein Geschenk des Lebens, sie spiegelt wider, daß Sie selber ein Schatz für sich und Ihre Umgebung sind, wenn Sie Ihr Talent schätzen und achten.

As der Münzen/Scheiben/Welten

Kraft und Bedeutung der Materie. Diese Karte steht für die in sich ruhende, bewegte und bewegende Energie der Erde. Das As der Münzen ist eine runde Sache – in sich selbst unendlich wie der Kreis oder die Materie. Die Karte verweist auf Ihre Erdverbundenheit sowie auf die Blüten und Früchte, die Sie in Ihrem Leben ernten und genießen können.

Begreifen Sie Ihre Aufgaben. Finden Sie Ihre Lebensziele heraus – Ihre persönliche Bedeutung in dieser Welt.

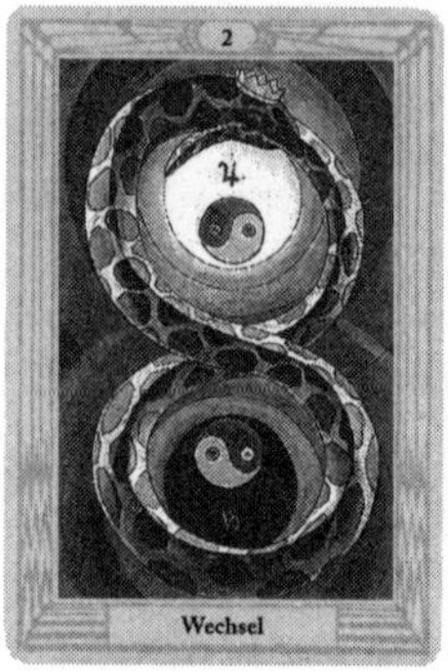

Zwei Münzen/Scheiben/Welten

Das Geheimnis des Wandels. Wechsel und Wandel gehören zu jedem Moment des Lebens. In Ihrer jetzigen Lebensphase aber bietet sich die besondere Chance, daß Sie eine bekannte Person oder Angelegenheit von einer anderen Seite kennenlernen, so daß sich ein neues, komplettes Bild ergibt.

Je mehr Sie aus Erfahrung und Kenntnis der Materie um die konkreten Widersprüche einer Sachlage wissen, desto mehr kennen Sie auch die für jede Frage vorhandenen Alternativen. Ihre Chance und Ihre Aufgabe bestehen nun darin, sich aus den Abhängigkeiten von angeblichen Sachzwängen zu befreien. Es gibt immer eine Alternative – mindestens eine! Was jetzt zählt, sind Sie und Ihre Fähigkeit, die vorhandenen Widersprüche zu meistern – indem Sie sie nutzen.

Drei Münzen/Scheiben/Welten

Das Glück der Lebensaufgabe. Die Energien, die in Ihrer Arbeit stecken, können und sollen jetzt auf einen gemeinsamen Nenner gebracht werden. Spitzen Sie Ihre Kräfte zu, kommen Sie auf den Punkt! Fassen Sie verschiedenartige Argumente, Absichten und Abläufe auf einem neuen, einem erhöhten Niveau zusammen!

Diese Karte steht für Ihre Chance, verborgene Talente zu fördern und Möglichkeiten in Wirklichkeiten zu verwandeln. Wenn Ihnen dies gelingt, dann bedeutet dies auch, daß Sie die Welt verändern.

Es macht einen Unterschied aus, ob Sie auf der Welt sind oder nicht, und Sie werden erst dann Ihren Frieden auf der Welt und ein geeignetes Selbstverständnis erreichen, wenn dabei Platz ist für das «Licht in der Dunkelheit», für Ihren Stern und Ihre Suche danach. Das Geheimnis, das in jedem Leben schlummert, und seine Offenbarung.

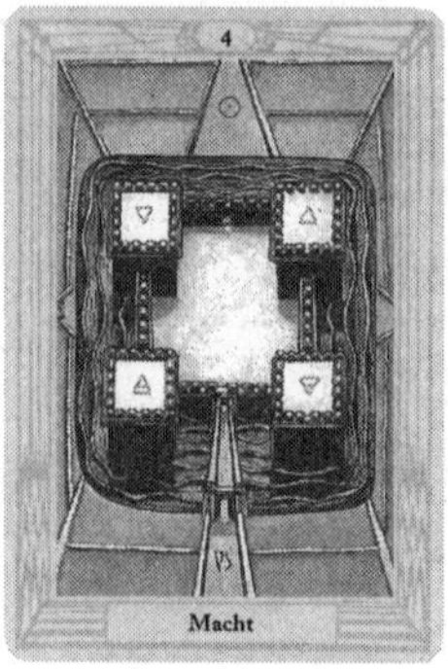

Vier Münzen/Scheiben/Welten

«Profi in eigener Sache». Hier geht es um Werte, in denen Sie Ihre Persönlichkeit, Ihre Ideen und Ideale materialisieren. Bauen Sie um und verwerfen Sie, was nicht zu Ihnen paßt. Schaffen Sie neue Formen, neue Begriffe und neue Verhältnisse.

Bauen Sie sich eine Insel, auf der Sie nach eigener Façon glücklich werden und sein können. Das richtige Wechselspiel von Privatheit und Öffentlichkeit, von persönlicher Besonderheit und überpersönlicher Verbindlichkeit wird auch in Ihren aktuellen Fragen für Harmonie und gutes Gelingen sorgen.

Es gibt bestimmte Talente, die Sie persönlich auszeichnen. Diese haben nichts mit zirkusreifen Sensationen zu tun. Es geht auch nicht um den Eintrag in ein bestimmtes Buch der Rekorde.

Wie jeder Mensch, so bringen auch Sie bestimmte Prägungen mit. Ihre Stärken und Ihre Schwächen besitzen einen besonderen Wert. «Münzen Sie diese um»: Schaffen Sie jetzt den Rahmen, worin dieser Wert sich auszahlt und Ihr Dasein krönt.

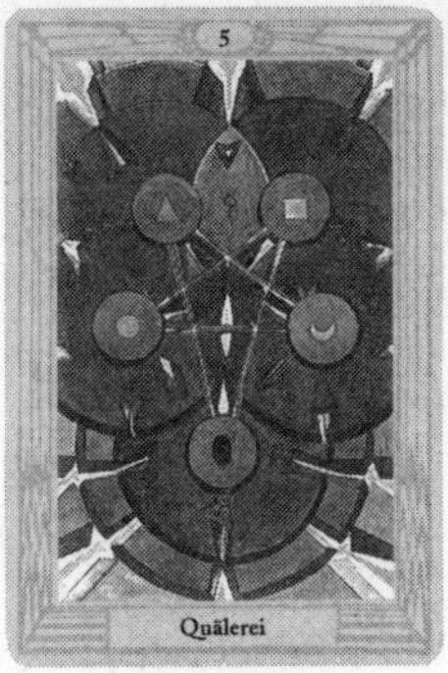

Fünf Münzen/Scheiben/Welten

Die Quintessenz des Sachverhalts. Die Bedürfnisse des Körpers. Eine bekannte Legende erzählt vom Blinden und vom Lahmen, die sich gemeinsam auf den Weg machen. Der Blinde stützt den Lahmen, und der Lahme führt den Blinden. Indem sie ihre Nöte teilen, werden sie von der Hilflosigkeit ihrer Lage erlöst.

Befreien Sie sich aus Abhängigkeiten und falschen Sachzwängen. Investieren Sie in die Kraft der persönlichen Freiheit – und der zwischenmenschlichen Gemeinsamkeiten!

Sechs Münzen/Scheiben/Welten

Produktive Bedürfnisse. Ihr positives Selbstwertgefühl unterstützt Sie und wird Sie zum vollen Erfolg führen, wenn Sie Ihre Stärken und Schwächen zu berücksichtigen verstehen. Wenn es Ihnen gelingt, durch Ihre Talente Bedürfnisse zu befriedigen und durch Ihre Bedürfnisse Talente zu wecken und zu fördern, entsteht jedesmal ein Zugewinn. Dieser «Mehrwert» bedeutet, daß immer mehr für Sie wichtige Wünsche erfüllt werden können.

Achten Sie darauf, nicht den Mangel zu verwalten, sondern einen Gewinn zu erzielen.

Sieben Münzen/Scheiben/Welten

Rätsel und Lösung. Es gibt bestimmte Lebensrätsel und sachliche Aufgaben, deren Lösung bzw. Bedeutung Sie in dem Moment herausfinden, in dem Sie auch *Ihre* Bedeutung, Ihren persönlichen Sinn, Ihre Lebensaufgabe entziffern. Jede gelöste Aufgabe zeigt Ihnen, daß Sie auf dem richtigen Weg sind, und auch jeder *Fehlschlag* ist wertvoll, weil er Ihnen klarmacht, worin Ihre Aufgabe und Ihre Bedeutung *nicht* bestehen. Stellen Sie geltende Maßstäbe immer wieder in Frage, damit Sie wissen, was für Sie funktioniert und was eher ein Hindernis darstellt.

Acht Münzen/Scheiben/Welten

Selbst-Entfaltung. Achtsamkeit ist das Gebot der Stunde. Gehen Sie aufmerksam mit dem um, was Sie in Händen halten. Seien Sie wachsam. Verstehen Sie die Botschaft «zwischen den Zeilen». Entspannen Sie sich, meditieren Sie. Lassen Sie sich nicht für unproduktive Zwecke verschleißen. Jeder Mensch hat ein Bedürfnis nach einer gewissen Perfektion und Vollendung. Und jede/r bringt auch die Fähigkeiten dazu mit.

Analysieren Sie Ihren «Eigensinn»: Inwieweit handelt es sich um Sturheit, um Trotzreaktion oder Selbstverliebtheit – und wo und wieweit drückt sich der wahre und berechtigte «Sinn des Eigenen» aus? Lassen Sie sich nicht verunsichern. Die aktuellen Auseinandersetzungen dienen der Klärung Ihres weiteren Wegs. Legen Sie ruhig und aufmerksam die nächsten Schritte fest.

Schaffen Sie Stück für Stück eine Situation von gesundem Luxus: einen Überfluß an Wohlbehagen, verwirklichten Ideen und befriedigten Wünschen.

Neun Münzen/Scheiben/Welten

Liebe in jeder Beziehung. Wenn Sie lieben und geliebt werden, dann blüht Ihre Natur auf. Entwickeln und vervollkommnen Sie Ihre Fähigkeiten zu lieben.

Sich selbst und die Mitmenschen, die Notwendigkeiten ebenso wie die Träume zu lieben ist jetzt möglich und nötig. Liebe ist nicht nur ein Gefühl, sondern auch die Voraussetzung und das Ergebnis einer optimalen Förderung von Bedürfnissen und Talenten! Diese angewandte oder tägliche Liebe ist durch nichts zu ersetzen – und der einzige Grund, die einzige Notwendigkeit ist der «Gewinn», das «Extra» oder der Unterschied, den ein geliebtes Leben gegenüber einem freudlosen und unbefriedigenden Alltag macht.

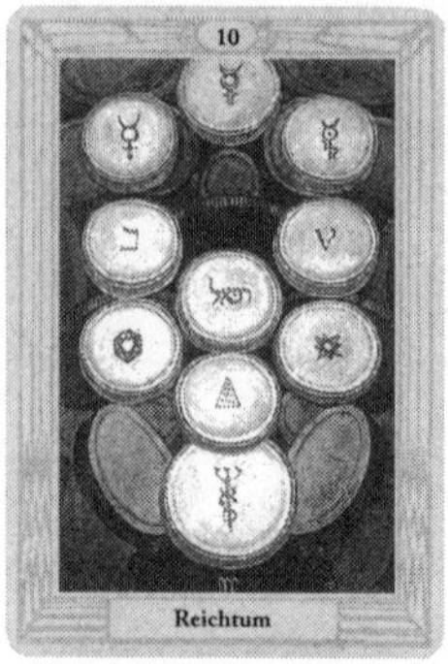

Zehn Münzen/Scheiben/Welten

Optimale Ergebnisse. Nicht nur für die engste Zweierbeziehung ist die Liebe der beste Maßstab. Sie ist es auch, die uns verläßliche Orientierungen im Geflecht der täglichen Beziehungen, Begegnungen und Ereignisse gibt. Riskieren Sie also mehr Liebe und etwas weniger Exklusivität darin. Nehmen Sie sich tagtäglich vieler Menschen und vieler Begebenheiten in Liebe an.

Zugleich ist die Liebe Ihr größter Reichtum. Bekanntlich ist sie «the one thing that money can't buy» – das einzige, das für Geld nicht zu kaufen ist. Wenn Sie lieben, sind Sie nicht käuflich und – unbezahlbar.

Tarot und Astrologie

Eine Übersicht

Datum	Tierkreiszeichen	Zugehörige Große Karte
21.03.–20.04.	Widder	IV – Der Herrscher/ Kaiser
21.04.–20.05.	Stier	V – Der Hierophant/ Hohepriester
21.05.–21.06.	Zwillinge	VI – Die Liebenden
22.06.–22.07.	Krebs	VII – Der Wagen
23.07.–22.08.	Löwe	VIII – Kraft/Ausgleichung/Ausgleich (XI – Gerechtigkeit/ Lust/Stärke)
23.08.–22.09.	Jungfrau	IX – Der Eremit
23.09.–22.10.	Waage	XI – Gerechtigkeit/ Lust/Stärke (VIII – Kraft/Ausgleichung/ Ausgleich)
23.10.–21.11.	Skorpion	XIII – Tod
22.11.–20.12.	Schütze	XIV – Mäßigkeit/Kunst
21.12.–19.01	Steinbock	XV – Der Teufel/ Der spielende Teufel
20.01.–18.02.	Wassermann	XVII – Der Stern
19.02.–20.03.	Fische	XVIII – Der Mond

Datum	Tierkreiszeichen	Zugehörige Hofkarte
21.03.–20.04.	Widder	Königin/Frau der Stäbe
21.04.–20.05.	Stier	König der Münzen/ Prinz der Scheiben/ Mann der Welten
21.05.–21.06.	Zwillinge	Ritter der Schwerter/ Weiser der Kristalle
22.06.–22.07.	Krebs	Königin/Frau der Kelche
23.07.–22.08.	Löwe	König/Prinz/Mann der Stäbe
23.08.–22.09.	Jungfrau	Ritter der Münzen/ Scheiben/ Weiser der Welten
23.09.–22.10.	Waage	Königin der Schwerter/ Frau der Kristalle
23.10.–21.11.	Skorpion	König/Prinz/Mann der Kelche
22.11.–20.12.	Schütze	Ritter/Weiser der Stäbe
21.12.–19.01.	Steinbock	Königin der Münzen/ Scheiben/Frau der Welten
20.01.–18.02.	Wassermann	König/Prinz der Schwerter/Mann der Kristalle
19.02.–20.03.	Fische	Ritter/Weiser der Kelche

Datum	Tierkreiszeichen	Zugehörige Zahlenkarte
21.03.–20.04.	Widder	Stäbe 2–4
21.04.–20.05.	Stier	Münzen/Scheiben/ Wellen 5–7
21.05.–21.06.	Zwillinge	Schwerter/Kristalle 8–10
22.06.–22.07.	Krebs	Kelche 2–4
23.07.–22.08.	Löwe	Stäbe 5–7
23.08.–22.09.	Jungfrau	Münzen/Scheiben/ Welten 8–10
23.09.–22.10.	Waage	Schwerter/Kristalle 2–4
23.10.–21.11.	Skorpion	Kelche 5–7
22.11.–20.12.	Schütze	Stäbe 8–10
21.12.–19.01.	Steinbock	Münzen/Scheiben/ Welten 2–4
20.01.–18.02.	Wassermann	Schwerter/Kristalle 5–7
19.02.–20.03.	Fische	Kelche 8–10

Datum	Tierkreiszeichen	Weitere Große Karte
21.03.–20.04.	Widder	XVI – Der Turrn
21.04.–20.05.	Stier	III – Die Herrscherin/ Kaiserin
21.05.–21.06.	Zwillinge	I – Der Magier
22.06.–22.07.	Krebs	II – Die Hohepriesterin/ Priesterin
23.07.–22.08.	Löwe	XIX – Die Sonne
23.08.–22.09.	Jungfrau	I – Der Magier
23.09.–22.10.	Waage	III – Die Herrscherin/ Kaiserin
23.10.–21.11.	Skorpion	XX – Gericht/Das Aeon/ Raum und Zeit
22.11.–20.12.	Schütze	X – Rad des Schicksals/ Glück/Fülle
21.12.–19.01.	Steinbock	XXI – Die Welt/ Das Universum
20.01.–18.02.	Wassermann	0/XXII – Der Narr/ Narr und Kind
19.02.–20.03.	Fische	XII – Der Gehängte/ Hängende

Literatur

Arrien, Angeles, *Handbuch zum Crowley-Tarot*. Neuhausen: Urania, 1991

Anonymus d'Outre Tombe, *Schlüssel zum Geheimnis der Welt – Meditationsübungen zum Tarot*. Freiburg: Herder, 1987

Banzhaf, Hajo, *Das Tarot-Handbuch*. München: Hugendubel, 1986

Bürger, Evelin/Fiebig, Johannes, *Tarot – Wege des Glücks. Die Bildersprache des Waite-Tarot – neu entschlüsselt*. Königsförde: Königsfurt, 1993

dieselben, *Tarot – Wege der Wandlung. Die Symbolsprache des CROWLEY-Tarot – neu entschlüsselt*. Königsförde: Königsfurt, 1996

dieselben, *Tarot für Einsteiger/innen*. Königsförde: Königsfurt, 1994

dieselben, *Tarot – Praxis. Ratgeber mit 122 Legemustern*. Königsförde: Königsfurt, 1995

Butler, Bill, *Dictionary of the Tarot*. New York: Schocken Books, 1975

Calvino, Italo, *Das Schloß, darin sich Schicksale kreuzen*. München: dtv, 1984

Crowley, Aleister, *Das Buch Thoth (Ägyptischer Tarot)*. Waakirchen: Urania, 1981

Douglas, Alfred, *Ursprung und Praxis des Tarot.* Köln: Diederichs, 1986

Fiebig, Johannes, siehe oben: E. Bürger/J. Fiebig

Francia, Luisa, *Hexentarot. Traktat gegen Macht und Ohnmacht.* Neuaufl. Zürich: Stechapfel, o. J.

Graf, Eckhard, *Mythos Tarot.* Ahlerstedt: Param, 1989

Kaplan, Stuart R., *The Encyclopedia of Tarot.* 3 Bde. New York: U.S. Games Systems, 1978, 1986 und 1990

Leuenberger, Hans-Dieter, *Schule des Tarot I. Das Rad des Lebens. – Schule des Tarot III. Das Spiel des Lebens.* Freiburg: Bauer, 1981 und 1984

Montano, Mario, *Tarot. Spiegel des Lebens.* Sauerlach: Urania, 1984

derselbe, *Poker mit dem Unbewußten. Praxis des Intuitiven Tarot.* Freiburg: Bauer, 1990

Müller, Hartmut, *Spiel Tarot Spiel Leben.* Neuaufl. Berlin: Herzschlag, 1985

Nichols, Sallie, *Die Psychologie des Tarot. Tarot als Weg zur Selbsterkenntnis nach der Archetypenlehre* C.G. Jungs. Interlaken: Ansata, 1984

Peymann, Susanne, *Der Crowley-Tarot. 78 Wege des Wissens.* München: Knaur, 1997

Pollack, Rachel, *Der Haindl-Tarot. 78 Symbole der Wandlung.* München: Econ Taschenbuch, 2001

Waite, Arthur E., *Der Bilderschlüssel zum Tarot.* Waakirchen: Urania, 1978

Wang, Robert, *Der Tarot des Golden Dawn.* Sauerlach: Urania, 1985

Wanless, Jim, *Voyager-Tarot. Way of the Great Oracle.* Carmel, CA: Merrill-West, 1989

derselbe, *Voyager-Tarot. Das Begleitbuch.* (Beilage zu den Karten) Wessobrunn: Integral, 1993

derselbe, *Intuition im Business. Souverän entscheiden mit Tarot.* Wessobrunn: Integral, 1995

Woudhuysen, Jan, *Das Tarotbuch. Der Weg des Narren.* München: Kösel, 1984

Ziegler, Gerd, *Tarot. Spiegel der Seele.* Sauerlach: Urania, 1984